国家林业局普通高等教育
“十三五”规划教材

形势与政策

辛金钦 张小楠 单昕◎主 编
努力曼·依米提 李咏宾 张涛◎副主编

中国林业出版社

图书在版编目（CIP）数据

形势与政策 / 辛金钦，张小楠，单昕主编. —北京：中国林业出版社，2016.2（2016.8 重印）
国家林业局普通高等教育“十三五”规划教材
ISBN 978-7-5038-8432-0

Ⅰ. ①形… Ⅱ. ①辛… ②张… ③单… Ⅲ①时事政策—高等学校—教材 Ⅳ. ①G641.1

中国版本图书馆CIP数据核字（2016）第038489号

国家林业局生态文明教材及林业高校教材建设项目

中国林业出版社·教育出版分社

策划编辑：杨长峰　张东晓　　**责任编辑**：张东晓
电　　话：（010）83143560　　**传　　真**：（010）83143516

出版发行　中国林业出版社（100009　北京西城区德内大街刘海胡同 7 号）
E-mail:jiaocaipublic@163.com　电话：（010）83143500
http:// lycb. forestry.gov. cn
经　　销　新华书店
印　　刷　北京市昌平百善印刷厂
版　　次　2016 年 2 月第 1 版
印　　次　2016 年 8 月第 2 次印刷
开　　本　787mm × 1092mm　1/16
印　　张　10.25
字　　数　205 千字
定　　价　29.00 元

前　言

根据新疆维吾尔自治区教育厅的要求，2009年3月，新疆农业大学党委决定在全校范围内开设“形势与政策”课。授课任务在学校教务处的统一领导下，由思政部负责具体的教学组织与管理。课程覆盖本科四个年级7个学期（含科技学院），全部课程排入教学计划，进入课表，与其他课程一样规范管理、严格考核，每学期讲授6～8个学时。

思政部对“形势与政策”课教学管理的主要做法是：①成立“形势与政策”课程教研室，具体负责教师选聘、专题设计、开课试讲、教学交流、检查督导、学生考核、成绩上报、教师培训与管理、档案留存等；②该课程开设以思政部教师为主，同时聘请学校领导、政工干部、专业教师以及行政人员担任兼职教师；③该课程积极开展教学研讨与对外交流，积极参加教育部组织的课程培训，切实提高教学的针对性与实效性。

为进一步加强教学针对性，体现地域特色，方便各民族大学生的自主学习，我们组织了校内部分专家、学者编写了这本简明教材。本教材由思政部、教务处牵头组织，辛金钦、张小楠、单昕负责专题设计、稿件审定等工作，具体编写分工如下：专题一：辛金钦、图尔迪·热伊木；专题二：贾友军、帕哈尔丁·赛福丁；专题三：单昕、丁露露；专题四：张涛、托乎提·艾尼丁；专题五：努力曼·依米提；专题六：李然、张小楠；专题七：杜惠敏、阿布都克力木·阿布力孜；专题八：李咏宾、伯力海提·斯马义；专题九：裴红娟、吾布力阿西木·吾买尔；专题十：蒲丽霞、阿布力肯木·托合提。

多年来，新疆农业大学“形势与政策”课严格执行教育部以及自治区教育厅的有关规定，求真求是、开拓创新，逐步形成了教学专题多样化、教学管理规范化、教学手段现代化、教师队伍精干化的教学管理运行模式，教学效果稳步提升，受到学校督导和广大学生的好评。

编　者

2015年12月

目 录

专题一　深入学习贯彻习近平总书记系列重要讲话精神

导语：科学理论是引领时代的精华，先进政党的灵魂，人民实践的指南。党的十八大以来，习近平总书记站在时代发展的高度，立足国际国内发展全局，发表一系列重要讲话，提出了一系列新思想、新观点、新论断，深刻回答了事关党和国家事业发展的重大理论和实践问题，展示了新一届中央领导集体的执政理念、改革思路、战略决断，进一步深化了我们党对共产党执政规律、社会主义建设规律和人类社会发展规律的认识，是坚持和发展中国特色社会主义的最新理论成果，是对马克思列宁主义、毛泽东思想的坚持和发展，是在新的历史起点上实现“两个一百年”奋斗目标的宏伟纲领和行动指南。

深入学习贯彻习近平总书记系列重要讲话精神，不仅要学习党的十八大以来，习近平总书记围绕改革发展稳定、内政外交国防、治党治国治军等方面，以巨大的理论勇气和政治智慧，提出了许多富有创见的新思想、新观点、新论断、新要求的主要内容，而且还要结合实践，理解新的历史条件下，在党和国家发展的重大理论和现实方面，如何丰富和发展了党的科学理论，深化对党对中国特色社会主义规律和马克思主义执政党建设规律的认识，总结在新的历史起点上实现新的奋斗目标的基本规律，把握讲话贯穿的坚定理想信念、强烈责任担当、真挚为民情怀、鲜明问题导向和科学思想方法等精髓，从而进一步统一思想、凝聚力量、指导实践。

一、全面准确把握习近平总书记系列重要讲话的丰富内涵

党的理论创新每推进一步，理论武装就要跟进一步。学习贯彻习近平总书记系列重要讲话精神是全党一项重大政治任务。党中央高度重视，作出全面部署，采取一系列有力举措加以推动。各地区、各级党组织按照中央要求，把学习讲话精神摆在突出位置，精心组织安排，兴起了学习贯彻讲话精神的热潮。要学习好习近平总书记系列重要讲话精神，没有捷径可走，必须在读原文上下苦功夫，原原本本地学，逐篇逐句地读，做到学懂、学通、学透。在此基础上融会贯通，把讲话精神作为一个完整体系来把握，在全面把握基础上加深对讲话科学内涵的理解。

（一）关于坚持和发展中国特色社会主义的重要论述

中国特色社会主义是党和人民长期实践取得的根本成就，是当代中国发展进步的根本方向，是科学社会主义理论逻辑和中国社会发展历史逻辑的辩证统一。中国特色社会主义特就特在其道路、理论体系、制度上，特就特在其实现途径、行动指南、根本保障的内在联系上，特就特在这三者统一于中国特色社会主义伟大实践上，特就特在始终坚持中国共产党的领导上。深化对中国近代史、中华人民共和国国史、中国共产党党史的认识，深刻理解中国特色社会主义来之不易，新民主主义革命的胜利成果决不能丢失，社会主义革命和建设的成就决不能否定，改革开放和社会主义现代化建设的方向决不能动摇。要以发展的观点对待马克思主义、社会主义，不断有所发现、有所创造、有所前进，不断丰富中国特色社会主义的实践特色、理论特色、民族特色、时代特色，坚定道路自信、理论自信、制度自信。

（二）关于实现中华民族伟大复兴的中国梦的重要论述

中国梦生动形象地描绘了全体人民的共同理想，凝聚了几代中国人的夙愿，体现了中华民族和中国人民的整体利益，体现了以习近平同志为总书记的党中央的历史担当，成为海内外中华儿女的最大公约数和最大共识，成为激励全体人民团结奋进的精神旗帜和高昂旋律。实现中国梦，就是要实现国家富强、民族振兴、人民幸福，国家好，民族好，大家才会好；中国梦是国家的梦、民族的梦，归根到底是人民的梦；中国梦是和平、发展、合作、共赢的梦，同世界各国人民追求幸福生活的梦想相通，不仅造福中国人民，而且造福各国人民。实现中国梦必须走中国道路、弘扬中国精神、凝聚中国力量，必须顽强奋斗，为国家富强、民族振兴、人民幸福而不懈奋斗。

（三）关于全面深化改革的重要论述

改革开放是党在新的历史条件下带领人民进行的新的伟大革命，是决定当代中国命运的关键一招，也是决定实现“两个一百年”（小知识之一）奋斗目标、实现中华民族伟大复兴的关键一招。改革开放只有进行时，没有完成时，停顿和倒退没有出路，要敢于啃硬骨头，敢于涉险滩，以更大决心冲破思想观念的障碍、突破利益固化的藩篱。坚持把完善和发展中国特色社会主义制度、推进国家治理体系和治理能力现代化作为全面深化改革的总目标，进一步解放思想、进一步解放和发展社会生产力、进一步解放和增强社会活力，以经济体制改革为重点、发挥经济体制改革牵引作用，坚持社会主义市场经济体制改革方向，以促进社会公平正义、增进人民福祉为出发点和落脚点，紧紧依靠人民推动改革。要增强改革的系统性、整体性、协同性，注重统筹协调，使各方面改革协同推进、形成合力。改革是有方向、有立场、有原则的，是在中国特色社会主义道路上不断前进的改革，决不能偏离这个方向。要牢固树立进取意识、机遇意识、责任意识，凝聚改革共识，大胆探索实践，处理好解放思想和实事求是的关系、整体推进和重点突破的关系、顶层设计和摸着石头过河的关系、胆子要大和步子要稳的关系、改革发展稳定的关系，不断激发全社会的发展动力和创造活力，打好全面深化改革这场攻坚战。

（四）关于推动科学发展的重要论述

发展是解决我国所有问题的关键，以经济建设为中心任何时候都不能偏离。要坚持以科学发展为主题，扎实推动我国经济持续健康发展。尊重经济规律，切实把发展的立足点转到提高质量和效益上来，在不断转变经济发展方式、优化经济结构中实现增长，不能简单以国内生产总值增长率论英雄；坚持统筹稳增长、调结构、促改革，坚持宏观政策要稳、微观政策要活、社会政策要托底；发挥好“两只手”（小知识之二）的作用，既要通过市场机制增强经济增长的内生活力，也要善用政府手段加强和改善宏观调控，使市场在资源配置中起决定性作用和更好发挥政府作用；推进创新驱动发展，全方位推进科技创新、企业创新、产品创新、市场创新、品牌创新；加大统筹城乡发展、统筹区域发展力度，加大扶贫开发力度，加快农业农村发展，促进工业化、信息化、城镇化、农业现代化同步推进。按照守住底线、突出重点、完善制度、引导舆论的思路，做好保障和改善民生工作。把生态文明（小知识之三）建设融入经济、政治、文化、社会建设各方面和全过程，更加自觉地推动绿色发展、循环发展、低碳发展，促进经济社会持续健康发展。

（五）关于社会主义民主政治和依法治国的重要论述

坚持党的领导、人民当家做主、依法治国有机统一，继续积极稳妥推进政治体制改革，坚持和完善人民代表大会制度、中国共产党领导的多党合作和政治协商制度、民族区域自治制度以及基层群众自治制度，巩固和发展最广泛的爱国统一战线，发展更加广泛、更加充分、更加健全的人民民主。依法治国首先是依宪治国（小知识之四），依法执政关键是依宪执政，全面推进科学立法、严格执法、公正司法、全民守法，坚持依法治国、依法执政、依法行政共同推进，坚持法治国家、法治政府、法治社会一体建设。切实保障公民享有权利和履行义务，依法公正对待人民群众的诉求，努力让人民群众在每一个司法案件中都能感受到公平正义。坚持依法治国和以德治国相结合，做到法治和德治相辅相成、相互促进，走中国特色社会主义政治发展道路。

（六）关于宣传思想工作的重要论述

意识形态工作是党的一项极端重要的工作，事关党的前途命运，事关国家长治久安，事关民族凝聚力和向心力。宣传思想工作的根本任务，就是要巩固马克思主义在意识形态领域的指导地位，巩固全党全国人民团结奋斗的共同思想基础。坚持团结稳定鼓劲、正面宣传为主，弘扬主旋律、传播正能量，加强理想信念教育，加强社会主义核心价值体系建设，培育和弘扬社会主义核心价值观，不断巩固壮大主流思想舆论。坚持中国特色社会主义文化发展道路，推动社会主义文化大发展大繁荣，深化文化体制改革，提高国家文化软实力，丰富人民群众精神文化生活。增强阵地意识，敢抓敢管，敢于亮剑，敢于站在风口浪尖上进行斗争。把网上舆论工作作为宣传思想工作的重中之重来抓，尽快掌握这个舆论战场上的主动权。推进国际传播能力（小知识之五）建设，创新对外宣传方式，加强话语体系建设，讲好中国故事，传播好中国声音。要树立大宣传的工作理念，各级党委要切实负起政治责任和领导责任，全党动手一起做好宣传思想工作，牢牢掌握意识形态工作的领导权和话语权。

（七）关于国际关系和我国外交战略的重要论述

中国走和平发展道路，是根据时代发展潮流和我国根本利益作出的战略选择，中国将通过争取和平国际环境发展自己，又以自身发展维护和促进世界和平。要更好地统筹国内国际两个大局，高举和平、发展、合作、共赢的旗帜，完善外交总体布局，全方位推进大国、周边、发展中国家、多边外交和各个领域外交工作，积极构建不冲突、不对抗、相互尊重、合作共赢的新型大国关系，按照亲、诚、惠、容的理念更加奋发有为地推进周边外交，贯彻正确义利观。中国决不会屈服于外来压力，任何外国不要指望我们会拿自己的核心利益做交易，不要指望我们会吞下损害我国主权、安全、发展利益的苦果。坚持国家不分大小、强弱、贫富一律平等，尊重各国人民自主选择发展道路的权利，反对干涉别国内政，维护国际公平正义，推动建设持久和平、共同繁荣的和谐世界，坚持开放的发展、合作的发展、共赢的发展。

（八）关于党的建设的重要论述

党要管党，才能管好党，从严治党，才能治好党，必须把从严治党体现到党的建设各个方面。要补足共产党人精神上的“钙”，加强马克思列宁主义、毛泽东思想、中国特色社会主义理论体系的学习教育，用科学理论武装头脑，坚定正确的理想信念。严明政治纪律，维护党中央权威，决不允许上有政策、下有对策，有令不行、有禁不止。坚持正确用人导向，建立科学有效的选人用人机制，培养选拔更多党和人民需要的好干部。坚持领导带头、自上而下，严格执行中央八项规定，以踏石留印、抓铁有痕的劲头抓作风建设。坚持为民务实清廉，贯彻整风精神，用好批评和自我批评这个武器，按照“照镜子、正衣冠、洗洗澡、治治病”的总要求，深入开展党的群众路线教育实践活动，反对形式主义、官僚主义、享乐主义和奢靡之风，反对特权思想和特权现象。坚持有腐必反、有贪必肃，坚持“老虎”“苍蝇”一起打，把权力关进制度的笼子里，形成不敢腐的惩戒机制、不能腐的防范机制、不易腐的保障机制，切实提高党要管党、从严治党的能力和水平。

此外，习近平总书记还就加强国防和军队建设、建设一支听党指挥、能打胜仗、作风优良的人民军队，就贯彻“一国两制”、做好港澳台工作、推进祖国统一大业作出了重要论述。

二、学习贯彻习近平总书记系列重要讲话精神，是时代和实践的呼唤

善于用党的创新理论成果统一思想、凝聚力量，是我们党推进伟大事业的重要经验。学习贯彻习近平总书记系列重要讲话精神，不仅要掌握丰富内容，而且要掌握思想精髓和精神实质，把握讲话贯穿的坚定理想信念、强烈责任担当、真挚为民情怀、鲜明问题导向和科学思想方法。

（一）全面准确把握讲话的精神实质

讲话始终贯穿党的最高纲领和基本纲领高度一致、高度统一这条红线，在道路、

方向、立场等重大问题上界限清晰、态度鲜明，充分体现了共产党人的坚定理想信念和鲜明政治立场。通过学习，筑牢胸怀共产主义远大理想、坚定不移坚持和发展中国特色社会主义的信念。

1. 责任重于泰山

讲话指明了中国特色社会主义是怎么来的、将怎样往前走，我们党在中华民族文明进步史上处于怎样的历史方位、担负着怎样的历史责任、要沿着怎样的历史轨迹继续前行，充分体现了历史厚重感和时代现实感，充分体现了对党对国家对民族对人民对历史的责任担当。通过学习，增强忧患意识、使命意识、进取意识，永不自满、永不懈怠，勇于负责、敢于担当，为实现全面深化改革的总目标和总任务开拓进取，勇攀高峰。（辅助学习材料之一）

2. 人民利益高于一切

讲话强调“人民对美好生活的向往，就是我们的奋斗目标”，对人民群众要有真感情，永不脱离群众，充分体现了真挚深厚的为民情怀。通过学习，解决好“为了谁、依靠谁、我是谁”这个根本问题，创造出经得起实践、人民、历史检验的新业绩，切实做到发展为了人民、发展依靠人民、发展成果由人民共享。（辅助学习材料之二）

3. 问题是时代的口号

讲话贯穿着强烈的问题意识、鲜明的问题导向，充分体现了共产党人求真务实的科学态度。通过学习，增强发现问题的敏锐、正视问题的清醒、解决问题的自觉。讲话贯穿了马克思主义的立场观点方法，善于在国际国内两个大局的结合点上，在历史、现实、未来的契合点上，总结规律、明确方位、把握大势、开辟未来，充分体现了科学思想方法的威力。通过学习，要在掌握科学世界观和方法论上有大的提高，在提升战略思维、创新思维、辩证思维、底线思维能力上有大的进步，更好地担当起历史赋予我们的重任。（辅助学习材料之三）

（二）学习贯彻习近平总书记系列重要讲话精神，目的在于指导实践

学习贯彻习近平总书记系列重要讲话精神，目的就是为了更加自觉以讲话精神指导新的实践。我们要大力发扬理论联系实际的马克思主义学风，在“真信”“真学”“真懂”“真用”上下工夫，在务求实效上下工夫。要真正把学习同解决自身世界观、人生观和价值观问题结合起来，同筑牢反腐倡廉的高压线、防火墙结合起来，自觉划清重大是非界限，坚决抵制各种错误思想影响，更好地用讲话精神深化认识、改造思想、武装头脑。要紧密联系改革开放和现代化建设的实际，紧密联系

党的建设的实际，着力用讲话精神指导推动改革发展的实践，把学习讲话精神的成效转化为促进经济社会持续健康发展的思路和举措，转化为全面深化改革的具体政策和实际行动，转化为解决群众生产生活迫切问题的新进展，转化为解决“四风”问题、转变工作作风的新成效，使学习过程成为解放思想、破解难题、提升工作水平的过程。

三、坚持学思用结合，全面推进新疆各项工作不断取得新进展

学习习近平总书记系列重要讲话精神，结合新疆工作实际，我们既要更加坚定信心，倍加珍惜已经取得的成绩，又要切实增强大局意识、责任意识、忧患意识，始终保持清醒头脑，坚持底线思维、强化问题导向，坚持变化变革、改革创新，不断研究和破解新疆经济、社会发展和稳定中的困难和问题，推进各项工作不断取得新进展、新突破、新成效。

（一）学习习近平总书记系列重要讲话精神，不断增强责任感、使命感

1. 坚持把工作的着眼点和着力点放在社会稳定和长治久安上

坚定必胜信心，保持战略定力，坚持标本兼治。敢于出手，勇于决战决胜，对暴力恐怖活动始终保持严打高压态势，以震慑敌人、鼓舞人民。要依法治疆，善于用法治思维和法治方式解决问题，推进反恐维稳常态化。健全反恐工作格局，完善反恐工作体系。坚持专群结合、依靠群众，打好反恐人民战争。深入推进“去极端化”工作，打好意识形态领域反分裂、反渗透之战。

2. 紧紧围绕改善民生、争取民心来推动经济发展

扎实做好“三农”工作，千方百计增加农牧民收入。大力推进就业创业，重点解决好大中专毕业生、下岗失业人员、农村富余劳动力就业困难问题。扎实推进农村扶贫开发，加强生态环境保护，积极参与丝绸之路经济带建设。

3. 着力做好新形势下民族工作

全面贯彻落实党的民族政策，深入实际搞清楚影响民族团结的症结，把正确的国家观、民族观作为民族工作的基础工程、战略工程来抓。加强民族团结进步教育，加强政策和法治宣传，积极引导宗教与社会主义社会相适应，用社会主义核心价值体系引领构筑新疆各民族共有文化和精神家园。

4. 着力抓好党的建设和干部队伍建设

从解决作风上的突出问题入手，落实到提高干部队伍素质、提高基层组织战斗力、

提高新形势下群众工作能力上，落脚到做好改革发展稳定各项工作上。重点强化各级干部的政治担当，增强党员干部党性修养，用“三严三实”祛歪风、聚正气，提高干部的政治敏锐性和政治鉴别力。强化基层基础，选好配强基层组织领导班子，强化群众工作意识，增强群众工作本领，创新群众工作机制。

（二）实践习近平总书记系列重要讲话精神，切实做好当前各项工作

① 把学习贯彻讲话精神与维护社会稳定工作紧密结合起来，坚持反分裂，坚持“两手抓”，坚持反暴力、讲法治、讲秩序，坚持反暴恐斗争一刻也不放松，抓好各项维稳措施的落实，严打严防暴恐活动，坚决把暴力恐怖分子的嚣张气焰打下去。

② 把学习贯彻讲话精神与促进经济持续健康发展紧密结合起来，突出稳增长和控风险，加快转方式调结构，不断化解经济发展中的突出矛盾，抓好当前工农业生产，实现新疆经济新的提升；把学习贯彻讲话精神与全面深化改革紧密结合起来，向深化改革要动力、要活力、要红利、要效果。

③ 把学习贯彻讲话精神与教育实践活动紧密结合起来，学习弘扬焦裕禄精神，按照“三严三实”要求加强作风建设，把学习贯彻讲话精神与开展好“访民情、惠民生、聚民心”活动紧密结合起来，完成好“六项任务”，真正成为“宣言书、宣传队、播种机”。通过深入学习贯彻习近平总书记系列重要讲话精神，在指导实践、推动工作上取得成效。

让我们更加紧密地团结在以习近平同志为总书记的党中央周围，坚持不懈地用习近平总书记系列重要讲话精神武装头脑，不折不扣地把讲话精神贯彻到改革发展稳定的各个方面，以不断创造经得起实践、人民和历史检验的业绩，为全面深化改革、夺取中国特色社会主义新胜利作出更大贡献。

【思考题】

1. 如何全面准确把握近平总书记系列重要讲话的丰富内涵？
2. 近平总书记系列重要讲话的精神实质？

辅助学习资料之一

习近平：接力棒传到我们手里，责任重于泰山

2014 年 8 月 22 日，中共中央举行纪念邓小平同志诞辰 110 周年座谈会，中共中央总书记、国家主席、中央军委主席习近平在座谈会上发表重要讲话，习近平总书记

在讲话中回顾了邓小平同志一生的丰功伟绩，总结了邓小平同志为我国革命、建设、改革作出的卓越贡献，强调邓小平同志为中华民族独立、繁荣、振兴和中国人民解放、自由、幸福奋斗的辉煌人生和伟大贡献，将永远书写在祖国辽阔的大地之上。邓小平同志始终在人民中间，也始终在人民心间。

习近平总书记指出，信念坚定，是邓小平同志一生最鲜明的政治品格，也永远是中国共产党人应该挺起的精神脊梁。热爱人民，是邓小平同志一生最深厚的情感寄托，也永远是中国共产党人应该坚守的力量源泉。实事求是，是邓小平同志一生最重要的思想特点，也永远是中国共产党人应该遵循的思想方法。开拓创新，是邓小平同志一生最鲜明的领导风范，也永远是中国共产党人应该具有的历史担当。在前进道路上，我们将进行许多具有新的历史特点的伟大斗争。我们要把开拓创新作为一种常态，不断用发展着的马克思主义指导新的实践，又从实践中作出新的理论概括，敢破敢立、敢闯敢试，义无反顾把改革开放不断向前推进。

习近平总书记强调，邓小平同志留给我们的最重要的思想和政治遗产，就是他带领党和人民开创的中国特色社会主义，就是他创立的邓小平理论。邓小平同志最鲜明的思想和实践特点，就是从实际出发、从世界大势出发、从国情出发，始终坚持我们党一贯倡导的实事求是、群众路线、独立自主。中国特色社会主义是适合中国国情、符合中国特点、顺应时代发展要求的理论和实践，所以才能取得成功，并将继续取得成功。

习近平总书记最后强调，我们的国权，我们的国格，我们的民族自尊心，我们的民族独立，关键是道路、理论、制度的独立。今天，历史的接力棒传到了我们手里，责任重于泰山。全党一定要紧密团结起来，敢于担当、埋头苦干，团结带领全国各族人民，以与时俱进、时不我待的精神不断夺取新胜利，不断完善和发展中国特色社会主义，不断为人类和平与发展的崇高事业作出新的更大的贡献。

辅助学习资料之二

习近平：人民对美好生活的向往，就是我们的奋斗目标

2012年11月15日上午，第十八届中央委员会第一次全体会议上当选的中共中央总书记习近平和中共中央政治局常委李克强、张德江、俞正声、刘云山、王岐山、张高丽，在人民大会堂同采访十八大的中外记者亲切见面。

中共中央总书记习近平，逐一介绍了新当选的其他六位中央政治局常委，代表新一届中央领导机构成员感谢全党同志的信任，并表示定当不负重托，不辱使命，指出

这是全党同志的重托，全国各族人民的期望，是对我们做好工作的巨大鼓舞，也是我们肩上的重大责任。

习近平总书记说，这个重大的责任，就是对人民的责任。我们的人民是伟大的人民。在漫长的历史进程中，中国人民依靠自己的勤劳、勇敢、智慧，开创了民族和睦共处的美好家园，培育了历久弥新的优秀文化。

习近平总书记说，我们的人民热爱生活，期盼有更好的教育、更稳定的工作、更满意的收入、更可靠的社会保障、更高水平的医疗卫生服务、更舒适的居住条件、更优美的环境，期盼着孩子们能成长得更好、工作得更好、生活得更好。人民对美好生活的向往，就是我们的奋斗目标。

习近平总书记说，人世间的一切幸福都是要靠辛勤的劳动来创造的。我们的责任，就是要团结带领全党全国各族人民，继续解放思想，坚持改革开放，不断解放和发展社会生产力，努力解决群众的生产生活困难，坚定不移走共同富裕的道路。

辅助学习资料之三

习近平：问题是时代的声音　人心是最大的政治

2014年12月31日，中国人民政治协商会议全国委员会在全国政协礼堂举行新年茶话会。党和国家领导人习近平、李克强、张德江、俞正声、刘云山、王岐山、张高丽等同各民主党派中央、全国工商联负责人和无党派人士代表、中央和国家机关有关方面负责人以及首都各族各界人士代表欢聚一堂，共迎2015年元旦。

会上，习近平总书记代表中共中央、国务院和中央军委，向各民主党派、工商联和无党派人士、各人民团体，向全国广大工人、农民、知识分子、干部和各界人士，向人民解放军指战员、武警官兵和公安干警，向香港特别行政区同胞、澳门特别行政区同胞、台湾同胞和海外侨胞，向关心和支持中国现代化建设的国际友人，致以节日的祝福，祝大家新年好。

中共中央总书记、国家主席、中央军委主席习近平在茶话会上发表重要讲话。他强调，问题是时代的声音，人心是最大的政治。推进党和国家各项工作，必须坚持问题导向，倾听人民呼声。我们的目标越伟大，我们的使命越艰巨，就越需要所有人拧成一股绳去干事创业。让我们更加紧密地团结起来，向着我们共同的奋斗目标、向着更加辉煌的明天奋勇前进。

小知识之一

“两个一百年”

在中国共产党成立一百年时全面建成小康社会，这是中国梦的第一个宏伟目标；在中华人民共和国成立一百年时建成社会主义现代化国家，这是中国梦的第二个宏伟目标。

小知识之二

“两只手”理论

亚当·斯密在其《国富论》中提出两只手的理论：一只是政府看得见的手，一只是市场无形的手，完善市场经济体制的改革还是离不开这两只手，关键是处理好两只手之间的关系。我们发展社会主义市场经济，要发挥政府和市场两只手的作用。发挥市场这只手的作用，就是指发挥市场在资源配置中的基础性作用。市场机制本身对经济运行具有自动调节作用，市场机制具有优胜劣汰的功效；发挥政府这只手的作用，就是指发挥政府在研究制定经济社会发展战略和政策、保持经济总量平衡、促进重大结构优化、维护全国市场统一开放、保障国家经济安全的作用。

小知识之三

生 态 文 明

面对资源约束趋紧、环境污染严重、生态系统退化的严峻形势，必须树立尊重自然、顺应自然、保护自然的生态文明理念，走可持续发展道路。生态文明建设是中国特色社会主义事业的重要内容，关系人民福祉，关乎民族未来，事关“两个一百年”奋斗目标和中华民族伟大复兴中国梦的实现。党中央、国务院高度重视生态文明建设。2012 年 11 月，党的十八大从新的历史起点出发，从 10 个方面绘出了“大力推进生态文明建设”宏伟蓝图。2015 年 5 月 5 日，中共中央、国务院发布《关于加快推进生态文明建设的意见》。2015 年 10 月，十八届五中全会首度将生态文明建设写入国家“十三五”规划。

小知识之四

依宪治国

依宪治国是落实依法治国的重点与关键，是建设法治中国的内在要求。坚持依法治国首先要坚持依宪治国，坚持依法执政首先要坚持依宪执政。全国各族人民、一切国家机关和武装力量、各政党和各社会团体、各企业事业组织，都必须以宪法为根本的活动准则，并且负有维护宪法尊严、保证宪法实施的职责。一切违反宪法的行为都必须予以追究和纠正。全面贯彻实施宪法，是建设社会主义法治国家的首要任务和基础性工作。维护宪法权威，就是维护党和人民共同意志的权威。捍卫宪法尊严，就是捍卫党和人民共同意志的尊严。保证宪法实施，就是保证人民根本利益的实现。只要我们切实尊重和有效实施宪法，人民当家做主就有保证，党和国家事业就能顺利发展。

小知识之五

国际传播能力

国际传播能力指媒体规模、媒体实力和国际影响力等，是衡量一个国家软实力的重要指标。一个国家国际话语权的大小，很大程度上来源于媒体的传播能力。西方大国为了把持国际话语垄断权，发展中国家为了争得国际事务发言权，都在努力打造具有国际影响力的媒体，力求在国际舆论竞争中赢得主动，进而提升本国主导或影响国际事务的能力。2015 年我国政府将加强国际传播能力建设写入工作报告。

拓展阅读资料

2015 年以来习近平重要讲话十大高频词

关键词一：发展

“发展”是习近平总书记 2015 年以来提及次数最多的词语。2015 年 10 月召开的中国共产党第十八届中央委员会第五次会议提出“‘十三五’时期是全面建成小康社会决胜阶段，‘十三五’规划必须紧紧围绕实现这个奋斗目标来制定”的论断，并指出实现“十三五”规划目标，要“坚持创新发展、协调发展、绿色发展、开放发展、共享发展，是关系我国发展全局的一场深刻变革”。习近平总书记在 11 月 10 日的中央财经领导小组第十一次会议上指出，要牢固树立和贯彻落实五大发展理念，适应经济发展新常态，坚持稳中求进，“战略上坚持持久战，战术上打好歼灭战”。

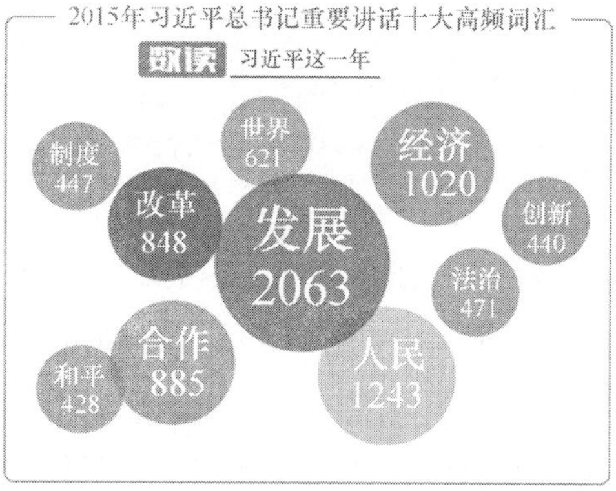

关键词二：人民

习近平总书记曾指出：“必须坚持人民主体地位和党的领导的统一，紧紧依靠人民推进改革开放。”“学习路上”栏目对2015年习近平重要讲话、署名文章等的数据分析结果显示，“人民”是总书记提到最多的词汇之一，共出现了1200多次，展现出总书记心系人民、情系人民的深沉情怀。5月，在浙江省召开华东7省、直辖市党委主要负责人座谈时，习近平总书记指出，要坚持经济发展以保障和改善民生为出发点和落脚点，全面解决好人民群众关心的教育、就业、收入、社保、医疗卫生、食品安全等问题，让改革发展成果更多、更公平、更实在地惠及广大人民群众。

关键词三：经济

2016年是“十三五”规划和全面建成小康社会决胜阶段的开局之年，也是推进结构性改革的攻坚之年。翻阅2015年关于习近平总书记的系列重要讲话，“经济”提到了1020次。习近平总书记在吉林省调研时强调：“保持战略定力，增强发展自信。”在2015年举行的二十国集团领导人第十次峰会第一阶段会议上，他指出：“我想强调的是，中国有信心、有能力保持经济中高速增长，继续为各国发展创造机遇。”

关键词四：合作

从2015年年初首场外交活动开始，“合作”一词在习近平总书记重要讲话中频频出现，成为贯穿2015年中国外交的重要理念。2015年1月8日，在中国－拉共体论坛首届部长级会议开幕式，习近平总书记致辞指出，“愿将中国发展同广大发展中国家共同发展紧密结合起来，共同致力于建立以合作共赢为核心的新型国际关系”。2015年3月28日，在博鳌亚洲论坛2015年年会开幕式时，习近平总书记强调，“只有合作共赢才能办大事、办好事、办长久之事。要摒弃零和游戏、你输我赢的旧思维，树立双赢、共赢的新理念”。

关键词五：改革

2014年12月30日的中央全面深化改革领导小组（简称深改组）会议上，习近平总书记强调：“明年是全面深化改革的关键之年，气可鼓而不可泄，要巩固改革良好势头，再接再厉、趁热打铁、乘势而上，推动全面深化改革不断取得新成效。”2015年这一年，习近平总书记共主持召开11次中央深改组会议，审议65份文件，几乎平均每月一次。“改革”也成为习近平总书记2015年的重要讲话中不可忽视的高频词。习近平总书记在2014年11月亚太经合组织工商领导人峰会开幕式上提出："能不能适应新常态，关键在于全面深化改革的力度。"

关键词六：世界

作为一个发展中的全球性大国，中国外交不仅具有地区影响力，也具有世界影响力。2015 年，中国领导人开展全方位的外交工作，"世界"概念频频被提及。中国的全方位外交，面向全世界而不局限于一个大洲、一个地区。2015 年的中国外交，胸怀"世界"，放眼"全球"。在第七十届联合国大会上，习近平总书记曾指出，"'大道之行也，天下为公。'和平、发展、公平、正义、民主、自由，是全人类的共同价值，也是联合国的崇高目标。目标远未完成，我们仍需努力。当今世界，各国相互依存、休戚与共。我们要继承和弘扬联合国宪章的宗旨和原则，构建以合作共赢为核心的新型国际关系，打造人类命运共同体"。

关键词七：法治

2015 年，"四个全面"战略布局引领治国理政方向，全面依法治国，建设中国特色社会主义法治体系和社会主义法治国家，成为贯穿全年工作的一条主线。习近平总书记在署名文章中谈到，依法治国各项工作都要围绕全面推进总目标来部署、来展开。法治体系是国家治理体系的骨干工程，落实全会部署，必须加快形成完备的法律规范体系、高效的法治实施体系、严密的法治监督体系、有力的法治保障体系，形成完善的党内法规体系。

关键词八：制度

不以规矩，不成方圆。讲纪律、立规矩，其首要指向就是权力，要把权力关进制度的笼子，为权力定边界、划红线。在习近平总书记 2015 年以来的系列重要讲话中，"制度"被提及了 447 次。2015 年 3 月 5 日，习近平总书记在参加第十二届全国人民代表大会第三次会议上海代表团的审议时指出，全面从严治党，是我们党在新形势下进行具有许多新的历史特点的伟大斗争的根本保证。坚持思想建党和制度治党紧密结合，全方位扎紧制度笼子，更多用制度治党、管权、治吏。

关键词九：创新

习近平总书记强调，"唯改革者进，唯创新者强，唯改革创新者胜"。"创新"一词也是 2015 年总书记讲话中的高频词。创新要以改革大局为重、敢于直面问题。在中央深改组十二次会议上，习近平强调，正确把握改革大局，从改革大局出发看待利益关系调整，只要对全局改革有利、对党和国家事业发展有利、对本系统本领域形成完善的体制机制有利，都要自觉服从改革大局、服务改革大局，勇于自我革命，敢于直面问题，共同把全面深化改革这篇大文章做好。此次会议提到在部分区域系统推进全面创新改革试验。

关键词十：和平

和平发展是中国历史文化的传承。纵观习近平总书记 2015 年的重要讲话，"和平"作为重要词汇频繁出现在外交场合。众所周知，和平、和睦、和谐的追求深深植根于中华民族的精神世界之中，融化在中国人民的血脉之中。“无论发展到哪一步，中国都永远不称霸、永远不搞扩张”。2015 年 9 月 3 日，习近平总书记在中国人民抗日战争暨世界反法西斯战争胜利 70 周年之际指出，“传承历史，不是为了纠结过去，而是要开创未来，让和平的薪火代代相传”。

专题二　深入贯彻
党的十八届五中全会精神

导语：中国共产党第十八届中央委员会第五次会议（简称十八届五中全会）是新世纪新阶段极为重要的中央全会，会议总结了过去五年我们取得的成就与基本经验，全面规划了未来五年乃至更长时期经济社会发展应当秉持的五大理念，在准确判断形势的基础上，全会对实现“十三五”规划所面临的国际国内形势做出准确判断，对实现“十三五”发展的指导思想做出科学界定，对全面建成小康社会目标以及多方面重大举措进行系统建构和多方面阐述，为未来发展指明了方向。总之，十八届五中全会内容非常丰富，意义十分重大，影响极为深远，并与每个人息息相关，因此，必须认真研读，努力践行。

党的十八届五中全会于2015年10月26日至29日在北京举行。全会听取和讨论了习近平 总书记受中央政治局委托作的工作报告，审议通过了《中共中央关于制定国民经济和社会发展第十三个五年规划的建议》。习近平总书记就《建议（讨论稿）》向全会作了说明。这次会议是以习近平为总书记的党中央实施“四个全面”重大战略具体部署，是实现“两个一百年”奋斗目标的关键时期召开的重要会议，现就这次会议召开的背景、新理念以及“十三五”规划的基本内容等问题梳理概述如下。

一、十八届五中全会会议召开的背景

当前，和平与发展的时代主题没有变，我国经济发展进入新常态，我国发展既面临大有作为的重大战略机遇期，也面临诸多矛盾相互叠加的严峻挑战。要准确把握战略机遇期内涵的深刻变化，更加有效地应对各种风险和挑战，在改革开放以来打下的坚实基础上，坚定信心，锐意进取，奋发有为，继续集中力量把自己的事情办好，不断开拓发展新境界。对此，2015 年 7 月 20 日，中共中央政治局会议认为，到 2020 年全面建成小康社会，是中国共产党确定的“两个一百年”奋斗目标的第一个百年奋斗目标，“十三五”时期是全面建成小康社会的决定性阶段，规划必须紧紧围绕实现这个奋斗目标来制定，会议指出，推动“十三五”时期中国经济社会发展，必须高举中国特色社会主义伟大旗帜，全面贯彻党的十八大和十八届三中、四中全会精神，以邓小平理论、“三个代表”重要思想、科学发展观为指导，深入贯彻习近平总书记系列重要讲话精神，坚持全面建成小康社会、全面深化改革、全面依法治国、全面从严治党的战略布局，坚持发展第一要务，全面推进经济建设、政治建设、文化建设、社会建设、生态文明建设和党的建设，确保如期全面建成小康社会，为实现第二个百年奋斗目标、实现中华民族伟大复兴的中国梦奠定更加坚实的基础。

会议强调，“十三五”时期，中国发展的环境、条件、任务、要求等都发生了新的变化。认识新常态、适应新常态、引领新常态，保持经济社会持续健康发展，必须有新理念、新思路、新举措。发展理念是发展行动的先导，是发展思路、发展方向、发展着力点的集中体现。要认真总结经验、深入分析问题，把发展理念梳理好、讲清楚，以发展理念转变引领发展方式转变，以发展方式转变推动发展质量和效益提升，为“十三五”时期我国经济社会发展指好道、领好航。会议指出，实现好、维护好、发展好最广大人民根本利益是发展的根本目的，必须把增进人民福祉、促进人的全面发展作为发展的出发点和落脚点。必须坚持以经济建设为中心，从实际出发，创新和完善宏观调控方式，保持经济中高速增长，迈向中高端水平，推动实现更高质量、更有效率、更加公平、更可持续的发展。必须按照完善和发展中国特色社会主义制度、推进国家治理体系和治理能力现代化的全面深化改革总目标，加快完善各方面体制机制，进一步转变政府职能，为发展提供持续动力。必须完善社会主义市场经济法治体系，加快法治经济和法治社会建设，把经济社会发展纳入法治化轨道。必须深化全方位对外开放，妥善应对外部环境变化，推动互利共赢、共同发展。必须贯彻全面从严治党要求，不断提高党的执政能力和执政水平，确保中国发展航船沿着正确航道破浪前进。会议还研究了其他事项。

二、十八届五中全会关于中国未来发展的“五大理念”

实现“两个一百年”的奋斗目标，破解发展难题，厚植发展优势，必须牢固树立并切实贯彻创新、协调、绿色、开放、共享的发展理念。

（一）坚持创新发展

坚持创新发展就是必须把创新摆在国家发展全局的核心位置，不断推进理论创新、制度创新、科技创新、文化创新等各方面创新，让创新贯穿党和国家一切工作，让创新在全社会蔚然成风。必须把发展基点放在创新上，形成促进创新的体制架构，塑造更多依靠创新驱动、更多发挥先发优势的引领型发展。培育发展新动力，优化劳动力、资本、土地、技术、管理等要素配置，激发创新创业活力，推动大众创业、万众创新，释放新需求，创造新供给，推动新技术、新产业、新业态蓬勃发展。

实施创新发展，必须拓展发展新空间，形成沿海沿江沿线经济带为主的纵向横向经济轴带，培育壮大若干重点经济区，实施网络强国战略，实施“互联网＋”行动计划，发展分享经济，实施国家大数据战略。

深入实施创新驱动发展战略，发挥科技创新在全面创新中的引领作用，实施一批国家重大科技项目，在重大创新领域组建一批国家实验室，积极提出并牵头组织国际大科学计划和大科学工程。大力推进农业现代化，加快转变农业发展方式，走产出高效、产品安全、资源节约、环境友好的农业现代化道路。构建产业新体系，加快建设制造强国，实施《中国制造二〇二五》，实施工业强基工程，培育一批战略性产业，开展加快发展现代服务业行动。

构建发展新体制，加快形成有利于创新发展的市场环境、产权制度、投融资体制、分配制度、人才培养引进使用机制，深化行政管理体制改革，进一步转变政府职能，持续推进简政放权、放管结合、优化服务，提高政府效能，激发市场活力和社会创造力，完善各类国有资产管理体制，建立健全现代财政制度、税收制度，改革并完善适应现代金融市场发展的金融监管框架。创新和完善宏观调控方式，在区间调控基础上加大定向调控力度，减少政府对价格形成的干预，全面放开竞争性领域商品和服务价格。

（二）坚持协调发展

坚持协调发展就是必须牢牢把握中国特色社会主义事业总体布局，正确处理发展中的重大关系，重点促进城乡区域协调发展，促进经济社会协调发展，促进新型工业化、信息化、城镇化、农业现代化同步发展，在增强国家硬实力的同时注重提升国家软实力，不断增强发展整体性。增强发展协调性，必须在协调发展中拓宽发展空间，在加强薄弱领域中增强发展后劲。

推动区域协调发展，塑造要素有序自由流动、主体功能约束有效、基本公共服务均等、资源环境可承载的区域协调发展新格局。推动城乡协调发展，健全城乡发展一体化体制机制，健全农村基础设施投入长效机制，推动城镇公共服务向农村延伸，提高社会主义新农村建设水平。推动物质文明和精神文明协调发展，加快文化改革发展，加强社会主义精神文明建设，建设社会主义文化强国，加强思想道德建设和社会诚信建设，增强国家意识、法治意识、社会责任意识，倡导科学精神，弘扬中华传统美德。推动经济建设和国防建设融合发展，坚持发展和安全兼顾、富国和强军统一，实施军民融合发展战略，形成全要素、多领域、高效益的军民深度融合发展格局。

（三）坚持绿色发展

就是必须坚持节约资源和保护环境的基本国策，坚持可持续发展，坚定走生产发展、生活富裕、生态良好的文明发展道路，加快建设资源节约型、环境友好型社会，形成人与自然和谐发展现代化建设新格局，推进美丽中国建设，为全球生态安全作出新贡献。

促进人与自然和谐共生，构建科学合理的城市化格局、农业发展格局、生态安全格局、自然岸线格局，推动建立绿色低碳循环发展产业体系。加快建设主体功能区，发挥主体功能区作为国土空间开发保护基础制度的作用。推动低碳循环发展，建设清洁低碳、安全高效的现代能源体系，实施近零碳排放区示范工程。

全面节约和高效利用资源，树立节约集约循环利用的资源观，建立健全用能权、用水权、排污权、碳排放权初始分配制度，推动形成勤俭节约的社会风尚。加大环境治理力度，以提高环境质量为核心，实行最严格的环境保护制度，深入实施大气、水、土壤污染防治行动计划，实行省以下环保机构监测监察执法垂直管理制度。筑牢生态安全屏障，坚持保护优先、自然恢复为主，实施山水林田湖生态保护和修复工程，开展大规模国土绿化行动，完善天然林保护制度，开展蓝色海湾整治行动。

（四）坚持开放发展

就是必须顺应我国经济深度融入世界经济的趋势，奉行互利共赢的开放战略，发展更高层次的开放型经济，积极参与全球经济治理和公共产品供给，提高我国在全球经济治理中的制度性话语权，构建广泛的利益共同体。开创对外开放新局面，必须丰富对外开放内涵，提高对外开放水平，协同推进战略互信、经贸合作、人文交流，努力形成深度融合的互利合作格局。

完善对外开放战略布局，推进双向开放，支持沿海地区全面参与全球经济合作和竞争，培育有全球影响力的先进制造基地和经济区，提高边境经济合作区、跨境经济合作区发展水平。

形成对外开放新体制，完善法治化、国际化、便利化的营商环境，健全服务贸易促进体系，全面实行准入前国民待遇加负面清单管理制度，有序扩大服务业对外开放。

推进“一带一路”建设，推进同有关国家和地区多领域互利共赢的务实合作，推进国际产能和装备制造合作，打造陆海内外联动、东西双向开放的全面开放新格局。深化内地和港澳、大陆和台湾地区合作发展，提升港澳在国家经济发展和对外开放中的地位和功能，支持港澳发展经济、改善民生、推进民主、促进和谐，以互利共赢方式深化两岸经济合作，让更多台湾普通民众、青少年和中小企业受益。积极参与全球经济治理，促进国际经济秩序朝着平等公正、合作共赢的方向发展，加快实施自由贸易区战略。积极承担国际责任和义务，积极参与应对全球气候变化谈判，主动参与2030年可持续发展议程。

（五）坚持共享发展

必须坚持发展为了人民、发展依靠人民、发展成果由人民共享，作出更有效的制度安排，使全体人民在共建共享发展中有更多获得感，增强发展动力，增进人民团结，朝着共同富裕方向稳步前进。

全会提出，要坚持共享发展，使全体人民在共建共享发展中有更多获得感，朝着共同富裕方向稳步前进。这是我们在发展理念上的重要提升，也是发展进入新阶段的客观需求。

实现共享发展，出发点和落脚点都在于人。“人人参与、人人尽力、人人享有”，意味着我们今后将更加注重人自身的发展。建立更加公平更可持续的社会保障制度、普及高中阶段教育、逐步分类推进中等职业教育免除学杂费、全面实施一对夫妇可生育两个孩子政策，这些都是从人的发展角度提出来的。

实现共享发展，关键在于要解决一些重大矛盾问题。目前，我国65岁以上老人占人口比例已经超过10%，已经进入老龄化社会。针对此，这次全会对生育政策作出调整。这一举措无疑能从长远上增加劳动力供给规模、改善社会人口和家庭结构，更加积极有效地应对老龄化带来的经济社会问题。

加快分配制度改革、缩小收入差距，是实现共享发展的重中之重，也是难点所在。全会提出，要坚持居民收入增长和经济增长同步、劳动报酬提高和劳动生产率提高同步，这“两个同步”指明了今后改革要坚守的原则，那就是发展成果由人民共享、初次分配要更加凸显公平。

实现共享发展，需要在经济社会两个领域同步发力。改革收入分配制度、加大转移支付力度，这是经济问题；但是公共服务、社会保障、普及高中教育等又是社会问题。只有协调推进经济社会发展，让人们在经济和社会两个维度上都有“获得感”，共享发展才能真正实现。

三、“十三五”规划的主要内容

制定和通过“十三五”国民经济和社会发展规划，是十八届五中全会的核心内容，这一规划集中全党智慧而成，立意深远，科学严谨，求真务实，是未来五年我国经济社会发展的宏伟蓝图和行动方案，其重点内容举要如下：

（一）“十三五”规划对我国未来经济社会发展基本特征的判断

我国发展仍处于可以大有作为的重要战略机遇期，也面临诸多矛盾叠加、风险隐患增多的严峻挑战。我们要准确把握战略机遇期内涵的深刻变化，更加有效地应对各种风险和挑战，继续集中力量把自己的事情办好，不断开拓发展新境界。

（二）“十三五”时期我国发展的指导思想

全会提出了“十三五”时期我国发展的指导思想：高举中国特色社会主义伟大旗帜，全面贯彻党的十八大和十八届三中、四中全会精神，以马克思列宁主义、毛泽东思想、邓小平理论、“三个代表”重要思想、科学发展观为指导，深入贯彻习近平总书记系列重要讲话精神。坚持全面建成小康社会、全面深化改革、全面依法治国、全面从严治党的战略布局，坚持发展是第一要务，以提高发展质量和效益为中心，加快形成引领经济发展新常态的体制机制和发展方式，保持战略定力，坚持稳中求进，统筹推进经济建设、政治建设、文化建设、社会建设、生态文明建设和党的建设，确保如期全面建成小康社会，为实现第二个百年奋斗目标、实现中华民族伟大复兴的中国梦奠定更加坚实的基础。全会的指导思想和“十三五”的指导思想与之前几届会议的指导思想一脉相承，而且充分肯定党的十八届四中全会以来中央政治局的工作。

（三）全面建成小康社会的基本原则和目标要求

1. 基本原则

坚持人民主体地位，坚持科学发展，坚持深化改革，坚持依法治国，坚持统筹国内国际两个大局，坚持党的领导。

2. 目标要求

经济保持中高速增长，在提高发展平衡性、包容性、可持续性的基础上，到2020年国内生产总值和城乡居民人均收入比2010年翻一番，产业迈向中高端水平，消费对经济增长贡献明显加大，户籍人口城镇化率加快提高。农业现代化取得明显进展，人民生活水平和质量普遍提高，我国现行标准下农村贫困人口实现脱贫，贫困县全部摘帽，解决区域性整体贫困。国民素质和社会文明程度显著提高。生态环境质量总体改善。

（四）"十三五"规划的若干亮点

1. 坚持人民主体地位，经济发展以人民为中心

中国发展的根本目的是为人民谋幸福，而不是"经济赛跑"。只有坚持人民主体地位，才能充分发挥人民群众的主人翁精神、积极性、主动性、创造性，从而创造历史，并使中国特色社会主义释放不竭动力，不断取得胜利。

2. 全民参保、养老金全国统筹，"大一统"社保制度将实现

全民参保、职工基础养老金的全国统筹是2020年做到"应保尽保"的重要内容和最终目标。只有实现了全民参保和养老金的全国统筹，才能从根本上解决我国目前养老制度碎片化问题，不仅有利于劳动力的全国自由流动，更可以提升养老基金的全国统筹能力和财务平衡能力，进而有助于建立更公平、更具有可持续性的社会保障制度。

3. 联络强国战略，争当信息化时代的创新强国

实施网络强国战略是拓展发展新空间的重要举措之一，并且与实施"互联网+"行动计划、发展分享经济、实施国家大数据战略联系在一起。这是针对当代条件下信息化深度融入经济发展各个环节做出的战略选择。在互联网相关领域，以"互联网+"为特征的信息经济成为中国的发展优势所在，使之壮大、厚植，将继续为中国发展开辟巨大的新空间。

4. 提高全球经济治理中的制度性话语权，参与书写国际规则

提高我国在全球经济治理中的制度性话语权，是中国的全球治理能力提升的体现。其中，自贸区战略的突破是题中之意。要推进区域全面经济伙伴关系协定（RCEP）、中国－海合会自贸区建立，中国－东盟自贸区升级，远期最终推进亚太自贸

区（FTAAP）达成，为亚太乃至全球的自贸区设置“共同制定的规则”，而非一家之言的规则。要坚持统筹国际国内两个大局，以开放促改革，以改革进一步推进开放，以积极主动的态度为“对外开放 2.0”制定“中国规则”。

5. 放开价格

创新和完善宏观调控方式，在区间调控基础上加大定向调控力度，减少政府对价格形成的干预，全面放开竞争性领域商品和服务价格。放松管制，降低对服务业的准入门槛，有序扩大服务业对外开放。服务业一定是“十三五”时期的支柱产业，这和之前的 12 个五年计划都不一样。2013 年以来，中国的服务业占比已经超过第二产业，今年服务业对经济增长的贡献率更是接近 60%。但从国际经验来看，我们的服务业占比仍然要低 10～20 个百分点，未来发展空间巨大。服务业发展的瓶颈不在需求，而在供给，所以“十三五”期间会加速开放服务业，在医疗教育养老健康金融等领域对社会资本和外国资本扩大开放。

6. 最严环保制度

实行最严格的环境保护制度，深入实施大气、水、土壤污染防治行动计划，实行省以下环保机构监测监察执法垂直管理制度。此次绿色发展成为指导“十三五”发展的五大理念之一，体现了国家对生态的高度重视，而公报提出环保执法部门实行省以下垂直管理，这是环保制度上的重大改革，是保障未来绿色发展的重大举措。过去环保执法实行属地管理，受到地方制约比较多，执法缺乏刚性。省以下垂直管理后，环保执法的体制机制更加顺畅，地方环保部门可以较好地摆脱地方的不当干预。

7. 对外开放新体制

健全服务贸易促进体系，全面实行准入前国民待遇加负面清单管理制度。深化改革必须扩大开放，但要改变开放的思路，过去我们是韬光养晦为主，未来要有所作为，从规则的接受者变成改变者。规划提到，“积极承担国际责任和义务，积极参与应对全球气候变化谈判，主动参与 2030 年可持续发展议程”，“积极”和“主动”是在过去的规划中很少见到的。包括前面提到的“为全球生态安全做出新贡献”都显示出中央思路的转变。下一步一方面是改造国际贸易规则，比如加快双边的自贸区谈判和多边的 RCEP 谈判，另一方面是改造国际金融体系，提升在现有多边金融机构中的话语权，同时打造亚投行、金砖银行、丝路基金等新平台。

8. 普及高中教育

推动义务教育均衡发展，普及高中阶段教育，逐步分类推进中等职业教育免除学杂费，率先从建档立卡的家庭经济困难学生实施普通高中免除学杂费，实现家庭经济困难学生资助全覆盖。免除贫困学生高中学杂费，困难学生资助全覆盖，体现了国家对教育公平性的重视，对促进整个社会公平正义有积极意义。普及高中教育、逐步实行中职免费教育，还可以为我国未来经济发展提供更多高素质人才，推动我国经济转型。

9. 全面实施一对夫妇生两孩

在“单独二孩”政策基础上，放开全面二孩，是针对我国人口年龄结构现状做出的战略性调整。需要指出的是，我国人口年龄结构并未潜藏“未来的严重危机”，由于以往的超生子女存在系统性迟报户口等现象，我国真实生育率其实高于统计显示的1.6倍。在全球普遍低生育率的大环境下，我国生育率仍处在中等偏上水平。全面放开二孩本就是人口政策长期规划中所蕴含的，关键是时间点的选择问题，可以认为“十三五”期间这一政策将落地。

10. 就业创业

让人们的工作前景更光明。坚持就业优先战略，实施更加积极的就业政策，创造更多就业岗位，着力解决结构性就业矛盾。完善创业扶持政策，鼓励以创业带就业，建立面向人人的创业服务平台。只要坚持把就业作为经济社会发展的优先目标、实施就业优先战略和更加积极的就业政策，加上“大众创业、万众创新”等支持政策和措施，“十三五”期间我国就业情况前景光明。

11. 食品安全

让人民群众吃得放心。实施食品安全战略，形成严密高效、社会共治的食品安全治理体系，让人民群众吃得放心。民以食为天，食以安为先。当前，中国老百姓的诉求已从吃得饱转向吃得好、吃得放心。顺应这种诉求的转变，在老百姓最为关心的食品安全领域，国家在顶层设计上做出了调整，把食品安全提升到了国家战略的高度。

12. 户籍改革

让群众公平享有合法权益。深化户籍制度改革，促进有能力在城镇稳定就业和生活的农业转移人口举家进城落户，并与城镇居民享有同等权利和义务。实施居住证制度，努力实现基本公共服务常住人口全覆盖。户籍制度改革事关经济社会发展全局，事关亿万群众切身利益。当前要在不断扩大城镇基本公共服务常住人口覆盖面、保障农业转移人口合法权益上下工夫。

小资料

新中国成立以来我国的计划生育政策嬗变

十八届五中全会决定实施全面二孩政策。这是中国生育政策史上一次重大的历史性改革，也意味着实行了36年的独生子女政策自此终结。

1949年，新中国成立后，由连年战乱到社会稳定，人们的生育意愿较高。政府也采取了宽松的生育政策，甚至效法苏联鼓励和支持生育。在这样的背景下，中国在20世纪50年代出现了新中国成立后的第一次婴儿潮，到1957年达到年出生人口2138万的高点。

1953年，第一次全国人口普查显示，我国人口总数为6.02亿人。1955年，在我国人口增长过快这个判断的基础上，中共中央发出《关于控制人口问题的指示》，提出要适当地节制生育。但这一指示由于各种原因而没有落实。

1962年，中共中央发出《关于认真提倡计划生育的指示》，提出在城市和人口稠密的农村提倡节制生育；这一年，也是中国第二次婴儿潮开始的年份，这次婴儿潮持续了10多年。

20世纪70年代初，毛泽东同志发出“人口非控制不行”的指示。1973年，国务院成立了计划生育领导小组。当年提出了“晚、稀、少”的政策，即鼓励晚婚晚育，生育间隔至少三年以上，一对夫妻最多生育两个孩子。从这个时候起，独生子女越来越多地开始出现。

1978年10月，中共中央发布69号文件，提出一对夫妻生育孩子的数量“最好一个，最多两个”。这是中央文件里首次就公民生育子女的具体数目做出明确指示。

1979年1月，全国计划生育工作会议召开，贯彻69号文件，在贯彻中把“最多两个”去掉，变成了“最好一个”，独生子女政策至此正式开始。

1980年9月，中共中央发出了《关于控制我国人口增长问题致全体共产党员、共青团员的公开信》，提倡一对夫妻只生一个孩子。

考虑到农村家庭的切实困难，从1981年开始，围绕“女儿户”政策出台，但是由于种种原因，并没有得到落实。1984年后，一孩半政策在部分农村落实，即第一个是女孩的农村家庭，可以生第二个孩子。

从1990年之后，各项人口普查显示，我国人口的总和生育率出现了锐减，大大低于2.1的世代更替水平。

2010年的第六次全国人口普查使得生育政策调整的急迫性被全社会所接受。根据这次普查，我国人口已经出现结构性扭曲，老龄化程度严重并且在加速中，0～14岁的少儿人口占总人口比例连年下降，已经处于严重少子化水平。同时，性别失衡严重，适婚男性人口比女性人口多出上千万。2012年起，劳动年龄人口连续三年净减少更敲响了人口警钟。

此后，我国生育政策调整的步伐明显加快。2014年1月至6月，全国各省份陆续实施单独二孩政策。2015年10月29日，十八届五中全会明确提出一对夫妻可生两个孩子。

小资料

《中共中央关于制定国民经济和社会发展第十三个五年规划的建议》诞生记

2015年10月29日，党的十八届五中全会在北京胜利闭幕。经过出席全会的中央委员表决，一致通过了《中共中央关于制定国民经济和社会发展第十三个五年规划的建议》。这一凝聚着全党全军全国各族人民智慧的宏伟蓝图，将引领中国发展航船向着全面小康破浪前进!

2015年1月，中央政治局决定，党的十八届五中全会重点研究关于制定国民经济和社会发展第十三个五年规划的建议。

1月28日，中央向各地区各部门发出对党的十八届五中全会研究“十三五”规划建议征求意见的通知。

中央决定成立文件起草组，由习近平总书记担任组长，李克强、张高丽同志担任副组长。

2月10日，中南海怀仁堂。习近平总书记主持召开党的十八届五中全会文件起草组第一次全体会议，要求建议起草工作要坚持解放思想、开拓创新，搞出一个“耳目一新、实用管用”的规划建议。重点考虑规划好以下问题:

① 到2020年全面建成小康社会，是“十三五”时期必须完成的任务。“十三五”规划建议是全面建成小康社会决胜阶段的路线图，要进一步明确全面建成小康社会目标的基本内涵，从思想上、战略上、重点上、布局上、举措上、指标上进行细化，确保这一目标如期实现。

②“十三五”规划建议是引领经济发展新常态的行动纲领。适应新常态，把握新常态，引领新常态，是“十三五”时期经济发展的大逻辑。谋划“十三五”时期经济社会发展，必须充分考虑这些内在特征和要求，高度重视提高发展质量和效益，加快转变经济发展方式，推动经济持续健康发展。

③“十三五”规划建议是坚持全面建成小康社会的施工蓝图。发展是目的，改革是动力，法治是保障。明确了发展重点，就要围绕目标推进改革，用改革助力发展目标实现。社会主义市场经济本质上是法治经济，必须弘扬社会主义法治精神，依法调控和治理经济。

④ 坚持党的十一届三中全会以来形成的行之有效的重大方针政策不动摇，坚持社会主义市场经济发展方向不动摇，坚持发展是第一要务的战略思想不动摇，坚持中国

特色社会主义事业总体布局不动摇。

⑤ 坚持目标导向和问题导向相统一，既从实现全面建成小康社会目标倒推，厘清到时间节点必须完成的任务，又从迫切需要解决的问题顺推，明确破解难题的途径和方法。坚持立足国内和全球视野相统筹，既以新理念新思路新举措主动适应和积极引领经济发展新常态，又从全球经济联系中进行谋划。坚持全面规划和突出重点相协调，既着眼于全面推进经济建设、政治建设、文化建设、社会建设、生态文明建设和党的建设，又突出薄弱环节和滞后领域。坚持战略性和操作性相结合，既强调规划的宏观性、战略性、指导性，又突出规划的约束力和可操作，能检查、易评估。

文件起草过程中，李克强、张德江、俞正声、刘云山、王岐山、张高丽等中央领导同志也提出了重要意见，进行了具体指导。

锐始者必图其终，成功者先计于始。

在中央政治局常委会领导下，“十三五”规划建议起草工作紧张有序展开，旨在为未来五年中国发展作出符合时代要求、顺应人民愿望、符合发展规律的科学回答。

【思考题】

1. 结合国内外实际，谈谈我国实现“十三五”规划面临的机遇与挑战。
2. “十三五”规划提出的战略目标及其亮点。

拓展阅读资料

人民日报评论员文章：全面建成小康社会的决胜纲领
——论夺取全面建成小康社会决胜阶段的伟大胜利

一个国家的发展蓝图，总会在历史的重要时刻显示出重大意义。在全面建成小康社会进入决胜阶段之际，党的十八届五中全会在北京召开，全会审议通过的《中共中央关于制定国民经济和社会发展第十三个五年规划的建议》，是今后五年经济社会发展的行动指南，是我们决战决胜全面建成小康社会的纲领性文件。当前和今后一个时期，全党全国的一项重要任务，就是深入贯彻落实全会精神，把《建议》确定的各项决策部署和工作要求落到实处。

谋定而后动。分析“十三五”时期我国发展环境的基本特征，提出“十三五”时期我国发展的指导思想，确立全面建成小康社会必须遵循的原则，提出实现全面小康新的目标要求，《建议》以强烈的使命意识和问题意识谋划未来，体现了“四个全面”战略布局和“五位一体”总体布局，体现了习近平总书记系列重要讲话精神，体现了十八大以来党中央的决策部署，顺应了我国经济发展新常态的内在要求，具有很强的思想性、战略性、前瞻性、指导性。

全会通过的《建议》，标明了全面建成小康社会的战略定位。到2020年全面建成小康社会，是我们党向人民、历史作出的庄严承诺。《建议》紧紧围绕这个任务，提出了一系列具有标志性的重大战略、重大工程、重大举措，特别是强调要以新的理念推动发展，聚焦突出问题和明显短板，回应人民群众诉求和期盼，目的就是确保如期全面建成小康社会，保持经济社会持续健康发展。今后五年党和国家各项任务，归结起来，就是夺取全面建成小康社会决胜阶段的伟大胜利，实现第一个百年奋斗目标。

全会通过的《建议》，彰显了以新理念引领新发展的战略思维。全面建成小康社会，从根本上说是发展问题。发展理念是否对头，从根本上决定着发展的成败。建议稿提出的创新、协调、绿色、开放、共享的发展理念，是我们在深刻总结国内外经验教训、深刻分析国内外发展大势的基础上形成的，集中反映了我们党对经济社会发展规律认识的深化。创新是引领发展的第一动力，协调是持续健康发展的内在要求，绿色是永续发展的必要条件，开放是国家繁荣发展的必由之路，共享是中国特色社会主义的本质要求，这五大理念相互贯通、相互促进，是具有内在联系的集合体，要统一贯彻，不能顾此失彼，也不能相互替代。

全会通过的《建议》，体现了我们党执政兴国的第一要务。发展是硬道理，党的领导是根本保证。我们党要带领13亿多人民全面建成小康社会，必须适应、把握、引领新常态，创新党领导经济社会发展的观念、体制、方式方法，提高党把握方向、谋划全局、提出战略、制定政策、推进改革的能力，为发展航船定好向、掌好舵，更好地发挥党在经济社会发展中的领导核心作用。各级党委必须深化对发展规律的认识，提高领导发展能力和水平，推进国家治理体系和治理能力现代化，更好推动经济社会发展。

“民亦劳止，汔可小康”。小康，这个穿越无数苦难与辉煌岁月的执着梦想，今天已经触手可及。展望2020年，全面建成小康社会，前无古人的伟大事业将由我们亲手完成。承接历史、开创未来，在第一个百年奋斗目标的最后冲刺阶段，跑好属于我们自己的这一棒，把《建议》描绘的美好蓝图变为现实，我们就能不断开拓发展新境界，为实现社会主义现代化、实现中华民族伟大复兴的中国梦打下更为扎实的前进基础。

专题三　大众创业万众创新背景下大学生毕业就业创业

导语：创新激发活力，创业推动发展。当今，“大众创业、万众创新”已成为时代鲜明的主题，一批批创新创业的年轻人勇立潮头；科技日新月异，“互联网＋”正引领年轻人筑梦青春，演绎一个又一个精彩传奇。时代的责任赋予年轻人，时代的荣光属于年轻人。梦在前方，路在脚下。创新创业不是请客吃饭，也不是纸上谈兵，而是舍弃贪图享受，选择艰苦奋斗；舍弃心浮气躁，选择不懈坚持；舍弃因循守旧，选择与时俱进。艰难困苦，玉汝于成。当代青年，尤其是大学生创新创业，就要做好吃苦的准备。诗人汪国真说：“既然选择了远方，便只能风雨兼程。”创业者马云说：“不吃苦，不奋斗，你要青春有何用？”因此，在毕业就业创业的选择和机缘中，如何结合自身实际准确定位人生，就成为当代大学生要思考和回答的一个重要问题。

在2014年9月的夏季达沃斯论坛上，李克强总理首次发出了“大众创业、万众创新”的号召，他提出，要在960万平方公里土地上掀起“大众创业”“草根创业”的新浪潮，形成“万众创新”“人人创新”的新态势。在2015年的《政府工作报告》中，李克强总理38次提到“创新”，13次提到“创业”，尤其两次专门提到“大众创业，万众创新”。2015年3月国务院出台了《国务院办公厅关于发展众创空间推进大众创新创业的指导意见》，5月国务院办公厅印发《关于深化高等学校创新创业教育改革的实施意见》，6月《国务院关于大力推进大众创业万众创新若干政策措施的意见》正式公布。可见，“大众创业、万众

创新”已成为当前时代鲜明的主题，它的提出符合国情民意，符合时代发展，一个大众创业、万众创新的时代正向我们走来。而作为当代青年人代表的大学生更是成为了大众创业、万众创新的生力军，如何在当前的时代背景下，定位人生谋求发展，就成为了当代大学生要思考和回答的一个重要为题。

一、提倡大众创业、万众创新的重要意义

创业创新是人类文明进步的不熄引擎，是植根于每个人心中具有顽强生命力的“种子”。推动发展，不仅要解放社会生产力，更要解放社会创造力。我国是世界上人口最多的国家，13 亿勤劳智慧的中国人民中间，蕴藏着无穷的创造力。试想一下，如果 13 亿人的创新创造潜能充分释放出来，那将给经济社会发展带来什么样的变化。

从自然禀赋看，创新是中华民族的固有气质，中华文明 5000 多年生生不息，源于中国人民自强不息、敢于创新的禀性。**从历史经验看**，新中国开启了自力更生、自主创新的大门，改革开放更是点燃了人人创业创新的火种，从农村家庭联产承包责任制开始，到城市国有企业改革，放开集体经济，发展私营经济等，都是着眼于调动千千万万人的积极性、创造性。**从发展阶段看**，现在我国经济发展进入新常态，传统增长动力在减弱，资源环境约束在加剧，要素成本越来越高，必须走转变发展方式、提质增效升级之路。中国要在世界新技术革命和产业变革的新格局中占据主动，必须靠创新。**从时代趋势看**，中华大地正在兴起新的创业创新热潮，出现了以大学生等 90 后年轻创业者、大企业高管及连续创业者、科技人员创业者、留学归国创业者为代表的创业“新四军”，草根创新、蓝领创新、创客、众创空间等新的形式层出不穷。创业创新正在成为一种价值导向、一种生活方式、一种时代气息。**从客观条件看**，人们消费需求多层次、多样化，需要更多的解决日常生产生活难题、形成新产业新业态的产品和服务。**从制度环境看**，我国社会主义市场经济体制不断完善，引导和鼓励市场主体加快创新，促进创新要素在更广范围内加快流动。

资料链接

“创客”一词来源于英文单词“Maker”，是指出于兴趣与爱好，努力把各种创意转

变为现实的人。创客以用户创新为核心理念，是创新 2.0 模式在设计制造领域的典型表现。创客们作为热衷于创意、设计、制造的个人设计制造群体，最有意愿、活力、热情和能力在创新 2.0 时代为自己，同时也为全体人类去创建一种更美好的生活。

"众创空间"是顺应创新 2.0 时代用户创新、开放创新、协同创新、大众创新趋势，把握全球创客浪潮兴起的机遇，根据互联网应用深入发展、创新 2.0 环境下创新创业特点和需求，通过市场化机制、专业化服务和资本化途径构建的低成本、便利化、全要素、开放式的新型创业服务平台的统称。

二、培育大众创业、万众创新的社会氛围

创业创新氛围的营造，良好社会生态环境的构建是当前推动大众创业、万众创新的重要前提，对推动和促进大学生等 90 后创业者创业创新活动的开展有着极其深远的影响，是促进青年创业创新的一项基础性工作。

（一）打造开放包容的创新文化

中华民族要实现伟大复兴，首先要实现创新文化的复兴。这就需要培育鼓励探索，宽容失败和尊重人才、尊重创造的文化，让创新的血液在全社会流动起来。只有解放人的思想，才能解放人的创造力。要把弘扬中华优秀传统文化与学习西方先进文化结合起来，营造自由、宽松、和谐的氛围。创新本身是不断试错的过程，失败的探索也是接近成功的途径。既要敢为天下先，敢于打破传统，颠覆前人，又要善于站在前人的肩膀上，学习借鉴世界优秀文明成果，让智慧的碰撞，科技的交流，文化的融会，成为无处不在的风景线。

（二）营造风清气正的科学环境

发明创造是挑战未知、充满风险的事业，必须树立理性思维、批判思维，倡导科学民主、学术自由、百家争鸣。对人才的评价要突出创新能力和实际贡献，淡化论文和经费数量考核，以真才实学论英雄。全社会都要用科学精神武装头脑，弘扬科学的"真善美"，提高全民族的科学文化素质。

（三）提升全民素质和重视创业教育

我国人力资源丰富，但要在社会打牢创新基础，树立创新理念，还有很长的路要走。我国 9 亿多劳动者中，中级技能以上的人才偏少，高端创新人才和高端技能人才也相对

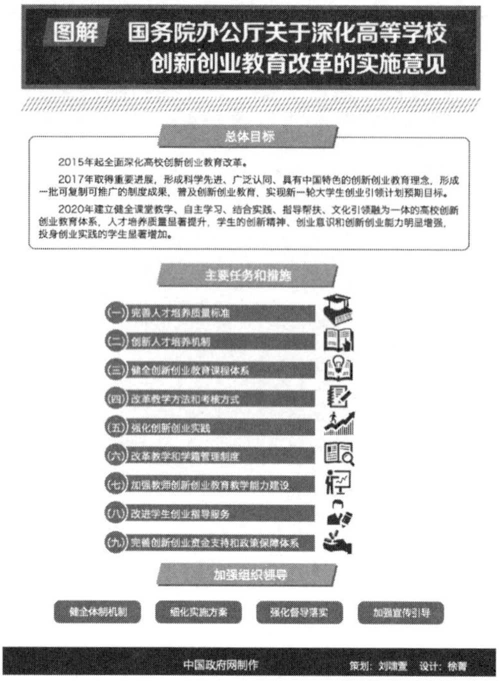

不足，世界级科学大师和国际科技领军人物更是匮乏。要把提升全民素质放在优先位置，高度重视教育。大力培养创新型人才。从国民教育、科学研究要创业就业等各个领域，都要鼓励创新精神。要将创业教育提升到国家战略高度，贯穿到基础教育、高等教育、职业教育、继续教育之中，让创业创新的种子生根发芽，完善创业教育基金、创业资助和创业导师体系，支持更多的人参加到创业创新大军中来。

政策引领：2015 年 5 月 13 日国务院办公厅印发《关于深化高等学校创新创业教育改革的实施意见》，全面部署深化高校创新创业教育改革工作。

（四）培养企业家精神

企业家是创新创业活动的倡导者和实践者，创新是企业家精神的本质。企业家们既有敢于冒险、追求物质财富的动机，又有渴望成功、实现自我价值的追求，他们是推动发展的重要动力源泉。中国亟须大批有着宽广视野、远大胸怀，以做实业为志趣、以创新为人生使命的企业家。同时企业家还要有强烈的社会责任感，敢于担当，规范行为，专注于为企业、为社会、为人民创造更多福祉。

（五）让大学生成为创业创新的生力军

大学生最富有梦想和激情，处于创业创新的活跃期。在知识更新加速的时代，许多新技术、新创意往往出自那些有着“青苹果”之称的青年人，成功企业家的年龄正在趋于年轻化。大学生敢于挑战权威，勇于原创，最容易取得重大突破。要放手让年轻人挑大梁、担重任，在他们职业生涯的起步阶段、向更高目标攀登的冲刺阶段，推一把、扶一程，为他们打开创业创新之门，开辟各展其能的广阔天地。

三、造就大众创业、万众创新的生力军

当代大学生视野开放，富有想象力和创造力，更具创业的激情，特别是掌握了新

知识、新技术，应当成为创新创业的生力军。鼓励支持大学生自主创业，是发挥人才资源优势，推动大众创业、万众创新的重要措施。

（一）大学生自主创业的意义

随着高等教育从“精英教育”向“大众教育”迈进，高校毕业生就业形势日益严峻，大学毕业生数量远远超过空缺岗位的数量。有专家指出，近几年全国城镇每年需要就业的人数将保持在2400万以上，而在现有的经济结构下，每年大概只能提供1100万个就业岗位，年度就业岗位缺口在1300万左右。因此，在今后较长时间内，大学生将面临更为严峻的就业形势，大学毕业生创业具有很强现实意义。

1. 创业有利于缓解大学生就业压力

大学毕业生是具有较高的创业激情、较强的创业能力的群体。他们掌握了新知识，新技术，通过自主创业活动，不仅可以将掌握的知识、技术运用到生产生活中解决实际问题，还可以增加就业的岗位，以缓解当前社会的就业压力。

2. 创业有利于大学生自我价值的实现

大学毕业生通过自主创业，可以把自己的兴趣与职业紧密结合，做自己最感兴趣、最愿意做和自己认为最值得做的事情。在五彩缤纷的社会舞台上大显身手，最大限度地发挥自己的才能。当前社会鼓励大学生创业，提高大学生的创业比例，整个社会才能形成创业的风气，才能建立“价值回报”的社会新秩序。

3. 创业有利于大学生自身素质的提高

我国高校扩招以后，伴随着就业压力，大学生素质与我国高等教育的水平一直为人诟病。在提高大学生教育管理水平与大学生综合素质的各类探索实践中，大学生创业无疑是最有效的办法之一。通过创业与创业实践，大学生可以充分调动自己的主观能动性，调整自己的就业心态，自主学习，独立思考，并学会自我调节与控制。也只有这样，大学生创业才能成功。

4. 创业有利于培养大学生的创新精神

创新是一个民族的灵魂，是一个国家兴旺发达的不竭动力。青年大学生作为中国最具活力的群体，如果失去了创造的冲动和欲望，那么中华民族最终将失去发展的不竭动力。大学生的创业活动，有利于培养勇于开拓的创新精神，把就业压力转化为创业动力，培养出越来越多的各行各业的创业者。

5. 创业能在一定程度上减轻家庭负担和自己的心理负担

当前大学生学习与生活的费用逐步提高，使很多家庭，尤其是农村家庭不堪重负，也使很多大学生出现自卑、仇富等心理问题。大学生创业无疑是经济来源之一。通过创业不仅可以在一定程度上减轻家庭经济的负担，也可以使自己在经济状况中出现的心理问题得到缓解。

6. 创业是充实大学生活的一种有效方法

大学生活和高中生活有着明显的不同，这一转变往往使得部分大学生感到空虚、无聊，尤其是大三、大四的学生，在要求学分将近完成或已完成而面临着沉重的就业压力时，这种感觉会更加明显。如果利用闲暇时间，自主创业，不仅可以缓解无聊、空虚的状态，使大学生活有事可做，更加丰富多彩，还可以为自己将来创业积累一定的经验和财富。

（二）当前我国大学生创业面临的机遇与挑战

1. 大学生创业面临的机遇

（1）国家为大学生创业提供了有力的政策和制度保障

《2015年国务院政府工作报告》提出，推动大众创业、万众创新；十八届五中全会的公报中提出进一步完善创业扶持政策，各级党政领导部门对创业高度重视。国家出台了诸多政策促发展、保增长、保就业，其中鼓励创业的政策是十分突出的。为创业提供了包括融资、税收、行政服务等相应的政策支持。

（2）国家为大学生创业提供了良好的舆论支持和价值引导

随着改革开放的不断深入，社会大众的观念不断更新，束缚创新的旧思想旧传统渐渐失去了影响与制约作用。在党和国家的大力倡导下，社会大众理解创业、支持创业、拥护创业、参与创业的意识不断增加，为大学生选择自主创业提供了良好的社会环境。

（3）国家经济转型为大学生创业提供机遇

我国正在加快经济结构改革，大力推进新兴产业发展。尤其要发展有潜力的、有较高核心能力的新产业。这种战略为大学生创业者带来了难得的机会，有可能使大学生创办的新兴企业获得更多的支持。

（4）“互联网＋”时代为大学生创业提供了新的思路和广阔空间

随着信息技术和网络经济的发展，尤其是“互联网＋”时代的到来，为大学生的创业提供了发展平台，让越来越多的大学生用自己的“桌面工厂”，加入到了数字技术改造传统制造的潮流中来。

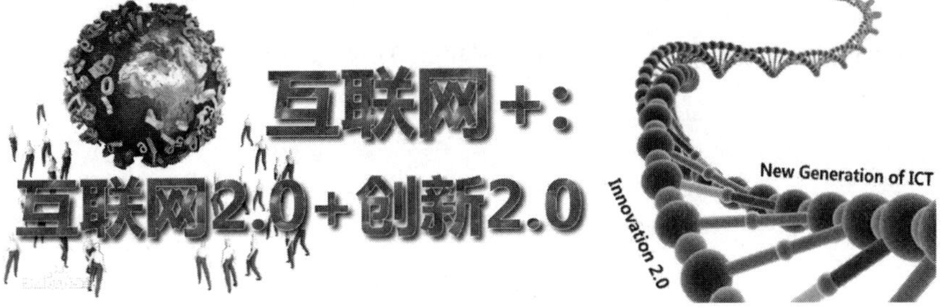

资料链接

“互联网＋”就是“互联网＋各个传统行业”，但这并不是简单的两者相加，而是利用信息通信技术以及互联网平台，让互联网与传统行业进行深度融合，创造新的发展生态。它代表一种新的社会形态，即充分发挥互联网在社会资源配置中的优化和集成作用，将互联网的创新成果深度融合于经济、社会各域之中，提升全社会的创新力和生产力，形成更广泛的以互联网为基础设施和实现工具的经济发展新形态。

政策引领：2015年7月4日经李克强总理签批，国务院印发了《关于积极推进“互联网＋”行动的指导意见》，这是推动互联网由消费领域向生产领域拓展，加速提升产业发展水平，增强各行业创新能力，构筑经济社会发展新优势和新动能的重要举措。

2. 大学生创业面临的挑战

（1）受传统观念的影响，良好的创业氛围没有完全形成

虽然国家重视对创新创业的积极引导，但“自主创业”的行为和风气没有被社会普遍接受、赞同和支持。自主创业者被社会边缘化现象还存在，人们对于创新创业失败者的包容更是岌岌可危。因此使很多大学生徒有自主创业的想法却没有动力付诸实践。

（2）高校创新创业教育缺乏，大学生创新创业知识缺乏

我国很多高校都尝试进行产学研合作教育，将实践环节纳入整体教学内容，少数高校也开设了创业教育课程，聘请企业和政府部门的人员指导学生从事创业内容的学习。但就目前情况看，创业教育还停留在创业指导、知识讲座等层次，缺乏完善的创业教育体系。在管理制度、师资水平、教学内容上还有很多问题，因此学生能够获得的创业知识与经验也无法适应真正创业的需求。

（3）大学生社会经验不足、市场观念淡薄，创业之路困难重重

大学生们虽然掌握了一定的书本知识，但终究缺乏必要的实践能力和经营管理经

验。对市场需求的产品与服务了解不全面，对市场营销等缺乏足够的认识，导致在创业的过程中问题频频出现，加之没有充足的心理准备，使许多大学生痛苦茫然，甚至沮丧消沉。

创业支招

2015 年创业理想三大方向

方向一：高科技领域。身处高新科技前沿阵地的大学生，在这一领域创业有着绝对优势，但并非所有的大学生都适合在高科技领域创业，一般来说，技术功底深厚、学科成绩优秀并且具有一定融资能力的大学生才有成功的把握，毕竟除了技术，还需要早期的资金扶持，不过好的项目不乏投资者。

推荐商机：手机软件开发、手机游戏开发等。

方向二：网络加盟领域。统计数据显示，在相同的经营领域，个人创业的成功率低于 20%，而加盟创业的成功率则高达 80%。过去大多是摆着小摊去获取创业"第一桶金"。而如今，在互联网飞速发展的时代，互联网加盟正逐步取代传统经销代理。网店及微商营销的准入门槛低，团队合作概念强，对创业资源、创业资金十分有限的大学生来说，最值得推荐。

推荐商机：微信营销、网络小店等。

方向三：教育服务领域。教育是大学生创业的资本，在教育服务领域创业，大学生游刃有余。大学生处于学习阶段，对于很多知识概念都记忆犹新，能够充分利用高校的教育资源，更容易赚到"第一桶金"。

推荐商机：家教、家教中介等。

（三）国家千方百计促进高校大学生就业创业

2015 年，高校毕业生达到 749 万人，毕业人数再创历史新高，被称为"史上最难就业季"。面对严峻的就业形势，人力资源和社会保障部、教育部等相关部门推出具体措施，完善机制，联动应对"史上最难就业季"。

1. 切实抓好高校毕业生就业创业政策的落实

① 全面落实和完善鼓励小微企业吸纳高校毕业生就业社保补贴、培训补贴等政策，落实好高校毕业生创业税收优惠、小额担保贷款、离校未就业高校毕业生灵活就业社

保补贴政策，促进毕业生多渠道就业和创业。

时事链接

2015年各地大学生创业最新优惠政策：北京市待业大学生创业可申请小额贷款；天津市鼓励自主创业，大学生开公司可零首付注册；杭州市出台新政力挺大学生自主创业，大学生创业可获资助20万；重庆市五项优惠政策鼓励大学生创业和就业；福州1000万助大学生创业；兰州市大中专毕业生创业可申请小额贷款；郑州市大学生自主创业可获贷款3万；广州市大学生创业减免42项费用等。

② 统筹实施“选聘高校毕业生到村任职”“三支一扶”“大学生志愿服务西部计划”“农村义务教育阶段学校教师特设岗位计划”等基层服务项目。进一步简化程序，降低门槛，优化流程，为毕业生享受政策提供更多便利。

资料链接

“选聘高校毕业生到村任职”（大学生村官）是指，应届全日制普通高校本科及以上学历毕业生，担任村党支部书记助理、村主任助理或其他职务。目的是培养一大批社会主义新农村建设骨干人才、党政干部队伍后备人才、各行各业优秀人才。

“三支一扶”是指，大学生在毕业后到农村基层从事支农、支教、支医和扶贫工作。其目的在于为高校毕业生向基层单位落实就业问题提供具体的指导和保障。

“大学生志愿服务西部计划”是指，团中央、教育部根据国务院常务会议、《国务院办公厅关于做好2003年普通高等学校毕业生就业工作通知》和2003年全国高校毕业生就业工作电视电话会议精神的要求而实施的，财政部、人社部给予相关政策、资金支持。该项计划从2003年开始实施，按照公开招募、自愿报名、组织选拔、集中派遣的方式，每年招募一定数量的普通高等学校应届毕业生或在读研究生，到西部基层开展为期1～3年的教育、卫生、农技、扶贫等志愿服务。

“农村义务教育阶段学校教师特设岗位计划”是指，由教育部、财政部、原人事部、中央编办在2006年联合启动实施的“特岗计划”，公开招聘高校毕业生到“两基”攻坚县农村义务教育阶段学校任教。

③ 主动为毕业生在校期间享受政策提供帮助，对符合条件的毕业年度高校毕业生及时发放《高校毕业生自主创业证》，落实好相关政策；对申领求职补贴并符合条件的，要在离校前全部发放到位，补贴标准较低的要适当调高标准。

资料链接

《高校毕业生自主创业证》发放对象是毕业年度内在校期间创业的高校毕业生。其中，高校毕业生是指实施高等学历教育的普通高等学校、成人高等学校毕业的学生；

毕业年度是指毕业所在自然年，即1月1日至12月31日。毕业年度内高校毕业生在校期间创业的，可持《高校毕业生自主创业证》向创业地县以上人力资源和社会保障部门提出认定申请，由创业地人力资源和社会保障部门核发《就业失业登记证》，一并作为当年及后续年度享受创业税收扶持政策的管理凭证。

④ 主动适应经济发展新常态，会同有关部门结合产业转型升级、创新驱动发展，在大力发展新兴产业、现代服务业、小微企业特别是创新型企业，以及实施“一带一路”等区域发展战略中，努力开发更多适合高校毕业生的高质量就业岗位。

2. 精心实施高校毕业生就业和创业促进计划

① 进一步做好与教育部门和高校的信息衔接，通过多种渠道和方式掌握未就业毕业生信息。加强跟踪管理，切实保证服务不断线。深入实施离校未就业高校毕业生技能就业专项行动。要切实做好困难高校毕业生就业援助工作，重点对零就业家庭、城乡低保家庭、农村贫困户、残疾等就业困难的未就业高校毕业生。完善“一对一”个性化精准帮扶机制，提高帮扶时效。

② 深入实施大学生创业引领计划。要认真落实大学生创业引领计划的各项要求，进一步完善实施方案，帮助扶持有志创业的高校毕业生成功创业，以创业兴业带动就业。

时事链接

2014年5月人力资源和社会保障部等九部门发出通知，启动实施“大学生创业引领计划”。通过实施“大学生创业引领计划”，使大学生的创业意识和创业能力进一步增强，支持大学生创业的政策制度和服务体系更加完善，政府激励创业、社会支持创业、大学生勇于创业的机制基本形成，大学生创业的规模、比例继续得到扩大和提高，力争实现2014—2017年引领80万大学生创业的预期目标。

③ 创新高校毕业生就业宣传工作。要高度重视、主动加强高校毕业生就业宣传工作，树立正确的舆论导向。汇聚更多促进高校毕业生就业的正能量。同时，加强舆情收集、分析和研判，密切关注高校毕业生就业形势变化和热点问题，及时回应社会关切，做好舆论引导。

青春是梦想的季节，青年人最具创新热情和创造的潜力。每一代青年都有自己的际遇和机缘，当代的大学生应该在“大众创业、万众创新”的时代背景下，抓住时机，谋划人生，迎接挑战，创造出属于当代青年的创新创业的辉煌历史。

【网站链接】

http: //cy.ncss.org.cn/　　全国大学生创业服务网

http: //www.studentboss.com/　　大学生创业网

【思考题】

1. 结合实际谈谈在当前“大众创业、万众创新”的背景下，大学生该如何应对创业的机遇与挑战？
2. 结合当地实际，谈谈该如何构建有利于大学生创业的生态环境？

拓展阅读资料

首届中国“互联网+”大学生创新创业大赛

为贯彻落实《国务院办公厅关于深化高等学校创新创业教育改革的实施意见》，进一步激发高校学生创新创业热情，首届中国“互联网+”大学生创新创业大赛于2015年5月至10月举办，优秀获奖项目将获教育部专项资金支持。

大赛要求参赛作品能够将移动互联网、云计算、大数据、物联网等新一代信息技术与行业产业紧密结合，培育产生基于互联网的新产品、新服务、新业态、新模式，以及推动互联网与教育、医疗、社区等深度融合的公共服务创新。

参赛项目主要包括四种类型：一是“互联网+”传统产业，即新一代信息技术在传统产业（含一二三产业）领域应用的创新创业项目；二是“互联网+”新业态，即基于互联网的新产品、新模式、新业态创新创业项目，优先鼓励人工智能产业、智能汽车、智能家居、可穿戴设备、互联网金融、线上线下互动的新兴消费、大规模个性定制等融合型新产品、新模式；三是“互联网+”公共服务，即互联网与教育、医疗、社区等结合的创新创业项目；四是“互联网+”技术支撑平台，即互联网、云计算、大数据、物联网等新一代信息技术创新创业项目。

大赛的主要目的，一是通过大赛深化高等教育综合改革，培养学生创新精神、创业意识、创新创业能力，激发大学生的创造力；二是推动赛事成果转化，促进“互联网+”新业态形成，推动互联网与实体经济融合，主动服务经济提质增效升级；三是促进创新引领创业、创业带动就业，推动高校毕业生更高质量就业。

中关村科博会上诠释“大众创业、万众创新”（节选）

只要动动眼睛，切水果游戏轻松玩；只要戴上一副眼镜，立马穿越到虚拟世界；只要一个小小的插座，普通空调秒变智能机……在第十八届中国北京国际科技产业博览会上的中关村国家自主创新示范区科技创新成果展区，140 多家中关村企业携 500 多项新技术、新产品、新服务集体亮相，一项项炫酷而又神奇的新技术、新产品带给人们强烈的震撼。

此次中关村成果展上的这些企业和产品 70% 以上是首次来到科博会，集中显示了中关村在把握首都城市战略定位，主动担当作为，有力推动全面深化改革、构建“高精尖”经济结构等方面取得的新进展和新成果。

一进入中关村展区所在的 2 号馆，“大众创业、万众创新”八个大字首先映入眼帘。此次成果展上，中关村特意通过故事演绎、场景模拟、沉浸体验等方式，诠释“引领万众创新，助推大众创业”的理念。“引领高精尖，科技创未来”是此次成果展的主题，设有智能硬件、智能制造、智能互联、智慧环境、智慧医疗、智慧农业、智慧生活以及众创空间等 8 个展区。

在中关村众创空间展区，以中关村创业大街为原型，重点展示了创业咖啡、梦想实验室、产业联盟等创业服务机构和要素，通过产品展示、创意交流、项目对接等方式，展现中关村浓郁的创新创业氛围。创客邦、亚杰商会、启迪之星等创新型孵化器，组织数十家创业团队展示其创新产品。一个个年轻团队、一件件富有创意的产品，集聚了相当高的人气。与此同时，中关村还首次推出“中关村创客汇”活动。

近年来，中关村通过先行先试 1+6、新四条等系列政策，极大释放了创新创业活力，在原有科技企业孵化器、大学科技园、留学人员创业园基础上，培育形成以创新工场、车库咖啡、3W 咖啡等为代表的 30 余家创新型孵化器。这类孵化器具有“新服务、新生态、新潮流、新概念、新模式、新文化”的六新特征，不仅为创业者提供创业活动的聚集交流空间，而且为其按需提供个性化的创业增值服务。

各类“众创空间”的蓬勃兴起，推动中关村出现新一轮科技创业热潮，形成了“大众创业、万众创新”的良好氛围，引领中国创业进入新时代。2014 年中关村新创办并实际经营的科技型企业超过 1.3 万家，是上年的 2 倍多，呈现井喷式增长；中关村发生的创业投资案例和投资金额均占全国 40% 以上。在近几年的创业大潮中，涌现出小米、京东、亿赞普（F2C）等一批领军型创业企业。（来源：崔彩凤，中国高新技术产业导报，2015 年 5 月 18 日）

新疆农业大学在全国首届“互联网＋”大学生创新创业大赛新疆赛区选拔赛中取得佳绩

9月13日由自治区教育厅等相关厅局共同举办的全国首届“互联网＋”大学生创新创业大赛新疆赛区选拔赛落下帷幕，我校在此次大赛中取得了较好的成绩，副校长塔依尔·肉孜出席了闭幕式。

今年4月10日，李克强总理视察吉林大学时，对举办“互联网＋”大学生创新创业大赛做出重要指示。5月21日，教育部发布了关于举办首届中国“互联网＋”大学生创新创业大赛的通知，6月8日大赛工作全面启动。根据《关于举办自治区首届“互联网＋”大学生创新创业大赛暨全国新疆赛区选拔赛的通知》（新教高办〔2015〕10号）要求，招生就业处联合相关部门积极组织师生参加此次大赛，在参赛的17所高校中，校赛、初赛、网络晋级赛参赛项目数量我校均位居榜首。

8月17日成功举办了以“‘互联网＋’成就梦想，创新创业开辟未来”为主题的新疆农业大学首届“互联网＋”大学生创新创业选拔赛，参赛项目共33项，其中创意组25项，实践组8项，通过校专家评审，共有25项参赛项目入围自治区首届“互联网＋”大学生创新创业大赛选拔赛初赛，在网络晋级赛99项参赛项目中，通过专家网络盲审我校共有11项参赛项目脱颖而出晋级区赛选拔赛，在9月12—13日区赛选拔赛中，经过激烈的角逐，我校包揽了实践组一半奖项，其中，机交学院2014级研究生艾力·如苏力的参赛项目“乌鲁木齐卡依娜特科技开发有限公司”获得了银奖，数理学院2011届毕业生赵磊的参赛项目“哈密瓜众筹”、外国语学院2013届毕业生刘颖的参赛项目“农田灌溉用全自动喷淋过滤器”分别获得了铜奖，艾力·如苏力同学将代表新疆赛区参加全国总决赛。（来源：岳瑞，新疆农业大学新闻网，2015年9月14日）

新疆农业大学校首个校外创业孵化基地揭牌

11月2日下午，我校首个校外大学生创业孵化基地在新疆飞晟创客空间投资管理有限公司挂牌。

招生就业处处长王维维代表学校与新疆飞晟创客空间投资管理有限公司签订了共建创业孵化基地协议。张杰巡视员与新疆飞晟创客空间投资管理有限公司周健波共同为新疆农业大学校外创业孵化基地揭牌。

张杰巡视员指出：要鼓励大学生创业，同时要整合各方资源为大学生创业提供便利条件。沙依巴克区副区长黄健、新疆飞晟创客空间投资管理有限公司周健波分别代表政府和企业做了发言交流。我校15级研究生经贸学院尹军军和王莲芳书记分别代表学生和学院做了交流发言。尹军军、10届毕业生赵磊就各自创新实践项目进行了路演，当场有企业表示对这两个项目非常感兴趣。

今后，学校将整合校内外一切促进大学生创业的资源，为大学生创业送政策、送支持、送服务，本着既要培养科学家又要培养企业家的理念，力促大学生科研成果转化、落地，在大众创业、万众创新的新局势下将我校创新创业工作推上一个新台阶。

学生处处长张旭辉，团委书记高志涛，经济与贸易学院党总支书记王莲芳参加签约暨揭牌仪式。（来源：岳瑞，新疆农业大学新闻网，2015 年 11 月 5 日）

专题四　正确认识和判断当前党风廉政建设和反腐败斗争形势

导语：中国共产党的性质和宗旨，决定了党同各种消极腐败现象是水火不相容的。坚决惩治和有效预防腐败，关系人心向背和党的生死存亡，是党必须始终抓好的重大政治任务。党的十八大以来，以习近平同志为总书记的党中央领导集体把反腐倡廉建设放在更加突出的位置，旗帜鲜明地进行反腐败斗争，取得了明显的成效。党的反腐倡廉建设要坚持标本兼治、综合治理、惩防并举、注重预防的方针，扎实推进惩治和预防腐败体系建设，在坚决惩治腐败的同时，更加注重治本，更加注重预防，更加注重制度建设，拓展从源头上防治腐败工作领域。严格执行党风廉政建设责任制。坚持深化改革和创新体制，加强廉政文化建设，形成拒腐防变教育长效机制、反腐倡廉制度体系、权力运行监控机制。健全纪检监察派驻机构统一管理，完善巡视制度。加强领导干部廉洁自律工作，提高党员干部拒腐防变能力。

一、当前我国反腐败斗争的基本形势

（一）腐败的定义与特征

腐败一词原意是食品因变质而产生臭气、刺激味和毒性物质的一种自然现象。后来，它被引申到政治领域，成为一个政治术语，“腐败”一般是指权力腐败，也即指权

力职能的蜕变。

在学术界，不同的学者都从各自的角度出发给出了“腐败”的定义。在《布莱克维尔政治学百科全书》中，“政治腐败”被解释为“政治活动家、政治家或官方决策过程中的官员，利用他们由于担任公职而掌握的资源和便利，为另外一些人谋取利益，以作为换取一些已允诺的或实际的好处的报偿，而这种行为是受到正式法规明令禁止的”。美国著名政治学家萨缪尔·亨廷顿（Samuel P. Huntington）提出了类似的定义：腐败就是“公职人员为实现其私利而违反公认规范的行为”，其基本形式是“政治权力与财富的交换”。这个含义表明：①腐败是政治家、政府官员或其他官员的行为；②腐败是他们利用担任的公职而掌握的资源为其他人谋取利益，并以此换取自身的好处；③这种行为是违法的。

一般说来，腐败有四个方面的特征：①腐败主要与掌握国家公共权力的国家公职人员的个人行为相联系；②官员掌握的公共权力成为政府官员牟取其个人私利的商品；③腐败主体的行为突破了权力的法律界限；④腐败行为损害了社会公共利益和社会公平。

（二）我国当前政治腐败的程度与特征

政治腐败程度的测量方法多种多样，主要有透明国际的腐败感觉指数（Corruption Perception Index）和行贿指数（Bribe Payers Index），世界银行的腐败控制指标（Control of Corruption），瑞士国际管理发展学院的非法支付、司法腐败、贿赂和回扣指标等。其中，透明国际的腐败感觉指数被大多数学者接受，并运用于分析腐败与经济发展、腐败的后果等。我国也于 2008 年开始官方认可这一数据。

腐败感觉指数是对 10 个左右的涵盖不同领域的调查进行加权平均，以企业界、风险分析家、一般民众为调查对象，根据其经验和感觉对各国由 10 到 0 的评分。得分越高，腐败程度越低；得分越低，腐败程度越高。下面的表格列出了部分国家与地区在 2004—2014 年的腐败感觉指数与世界排名的变动情况。

部分国家与地区的腐败感觉指数（2004—2014 年）（CPI 得分 / 全球排名）

年份	中国	中国香港	中国台湾	美国	新加坡	俄罗斯
2004	3.4/71	8.0/16	5.6/35	7.5/17	9.3/5	2.8/90
2005	3.2/78	8.3/15	5.9/32	7.6/17	9.4/5	缺
2006	3.3/70	8.3/15	5.3/34	7.3/20	9.4/5	2.5/121
2007	3.5/72	8.3/14	5.7/34	7.2/20	9.3/4	2.3/143
2008	3.6/72	8.2/12	5.7/39	7.3/18	9.2/4	2.1/147
2009	3.6/79	8.2/12	5.6/37	7.5/19	9.2/3	2.2/146
2010	3.5/78	8.4/13	5.8/33	7.1/22	9.3/3	2.1/154
2011	3.6/75	8.4/12	6.1/32	7.1/24	9.2/5	2.4/143
2012	3.9/80	7.7/14	6.1/37	7.3/19	8.7/5	2.8/133
2013	4.0/80	7.5/15	6.1/36	6.9/29	8.6/5	2.8/127
2014	3.6/100	7.4/17	6.1/35	7.4/17	8.4/7	2.7/136

从上面表格的数据看出，进入新世纪以后，我国的腐败问题并没有得到有效解决，与一些发达国家和地区相比还有相当大的差距，这样的状况也与当前我们全面建设小康社会、实现中华民族伟大复兴的历史任务存在着尖锐的矛盾。

进入 21 世纪以后，随着国民经济进一步的发展，我国的政治腐败局势也相应地出现了部分变化，呈现出一些新特征，如由收钱收物的“硬腐败”发展为接受各种服务、旅游出国等“好处”的“软腐败”；由个人捞钱的“小腐败”上升为集体福利、挥霍公款的“大腐败”；由内资企业的“内资腐败”发展为外资企业参与商业贿赂的“外资腐败”；由一人出事的“单案”扩大为一揪一串的“窝案”等。概括起来讲，当前的政治腐败有如下特征：

1. 腐败群体化

一些腐败案情败露后，往往引发所辖地区官场的“大面积塌方”。腐败分子在政治上拉帮结派，经济上相互牵连，结成了利益同盟，呈现出明显的群体性，即“窝案”“串案”。其主要特征一是涉案人员众多；二是涉案人在政治上丧失党性原则，形成了具有紧密人身依附性质的关系网；三是在经济上互相利用，结成了利益共同体。其中广东省茂名市重大系列腐败案就是一个典型案例。该案件涉及当地省管干部 24 人，县处级干部 218 人，波及党政部门 105 个，市辖 6 个县（区）的主要领导。

2. 腐败高层化

据统计，党的十八大以来查处的贪腐且受到法律制裁的副省（部）级（含“享受副部级待遇”）以上官员已超过百人。截至2015年11月19日，据公开资料统计，党的十八大后落马的省部级军级共130人。其中周永康为正国级落马高官。副国级落马高官有4人，分别为：全国政协原副主席苏荣，全国政协原副主席、中央统战部原部长令计划，中央政治局原委员、中央军委原副主席徐才厚，中央政治局原委员、中央军委原副主席郭伯雄。在3年多的时间内，有如此多的部级以上官员落马，一方面体现了新一届中央反腐败的决心，另一方面也反映了当前我国政治腐败高层化的严重程度。

3. 涉案金额巨额化

从目前查处的腐败案件来看，多数官员腐败涉及的金额巨大，动辄就是上千万甚至上亿元。如三峡集团原机电工程部主任饶道群在香港开立的账户中，被发现的金额就超过2000万元。安徽军工集团原党委书记、董事长黄小虎因贪污、受贿、行贿等多项罪名被移送司法机关查处，涉案金额达3162.1万元。

4. 腐败案件国际化

改革开放后，随着我国对外交流的日益频繁，腐败官员也把触角伸向了国外。有的腐败官员利用资本跨地域、跨行业、跨国境流动的机会，与地区外、行业外、境外的不法分子相勾结，共同犯罪；有的利用国际间法律的差异，国内犯罪，国外洗钱；有的以境外商人为合作对象，在为对方牟利后，在境外“交易”，赃款赃物滞存境外。一些涉案的党政干部特别是关键涉案人员一有风吹草动即随时出逃。“裸官”问题浮出水面，暴露出以往外逃贪官贪腐时“留一手”（任职期间有意送妻儿出国，独自一人在国内），贪腐行为败露后立即逃往国外的腐败谋略。某些干部利用出国考察机会滞留不归的情况更是暴露出贪官风险意识的增长。这种现象增加了反腐败工作的难度。

二、当前我国腐败高发的原因分析

腐败的实质是权钱交易，是权力异化的结果，这是由权力的性质所决定的。政治学中的权力理论认为：在权力不受限制或社会控制薄弱，而行使权力者自身又缺乏道德约束力的情况下，就会走向腐败。“绝对的权力产生绝对的腐败”，这是为阶级社会的历史所证明了的真理。目前，我国社会生活中的腐败是一个复杂的社会现象，它的产生，有着复杂的社会历史和现实的原因。

1. 历史传统的影响

追溯历史，我国是世界上最早建立官僚体制的国家，同时形成了根深蒂固的“官场文化”。贪赃枉法、行贿受贿、腐化堕落是这种文化的重要体现。在漫长的封建社会中，做官和发财形成不可分割的统一整体；长期的封建官僚政治体制，给予拥有政治权力的人即做官者以种种物质利益，并赋予他们利用政治权力谋取私人经济利益的特权。这种封建糟粕是今天的腐败思想得以产生的历史渊源，我们无法完全割断几千年的历史文化传统和今天现实的联系。

2. 旧体制固有的弊端给腐败的产生保留了土壤

我国自20世纪50年代以来建立的政治集权体制和经济计划体制，在当时特殊的时代背景下，自有其必要性。但这种高度统一、集中的体制和权力运行方式，利益约束软化，强化了权力而又没有相应的制约机构，潜藏着滋生腐败的可能。在今天特定的历史时期内，它暴露了许多弊端，正好成为以权谋私、权钱交易等腐败行为滋生蔓延的温床。正如邓小平同志所说："权力过分集中，妨碍社会主义民主制度和党的民主集中制的实行，妨碍社会主义建设的发展，妨碍集体智慧的发挥，容易造成个人专断，破坏集体领导，这是新的条件下产生官僚主义的一个重要原因。"对于这种利用高度集中的权力攫取个人私利的现象，理论界称之为"寻租"。这种理论的要点就是通过政府对经济的直接控制权力来影响收入和财富分配，竭力改变法律规定的权利来实现个人或某个集团的利益。寻租的对象主要是政府官员和国有资产；寻租的特点是利用合法和非法的手段得到占有租金的特权，它往往伴随着权钱交易等腐败现象。高度集中的权力，尤其是行政权力涉及社会经济的方方面面，对经济活动握有生杀予夺大权，正是给"寻租者"提供了必不可少的条件。

3. 我国正处在处于体制转型时期

新旧体制转轨过程中，腐败现象的伴生具有某种必然性。市场经济体制的核心是以市场配置资源，以市场调节经济生活。而当前我国的市场经济体制只具有雏形。与市场相配套的一系列体制还没有建立完备，市场机制远未完善。政府在体制、职能、机构、人员、运作等诸方面仍然紊乱、滞后，不适应市场经济体制建设的要求。在这种新旧体制并存的情形下，管理出现许多盲点、空点。这样，权力更易于与金钱相结合，"寻租"更为容易，腐败现象因此大量发生。由此可见，腐败程度与社会和经济现代化的发展速度确实有着相当密切的关联。

4. 法制不健全，缺乏完备的监督机制

就法制建设而言，主要有两个方面的问题：其一，没有一套完备的反腐败的法律体系。权力需要制约，没有制约的绝对的权力导致绝对的腐败。况且人性中本有趋利避害的因素，更须法律制度加以规范和引导。我国近年来法制建设固然取得了极大的成就，但对权力进行监督制约的法律制度还欠完善，没有系统的关于权力的设立、运行、行使及法律责任等方面的法律制度，更缺少专门遏止政府官员腐败的法律，如

“反贪污法”“公务员财产申报法”等。经济立法滞后，不适应市场经济体制建设的要求，市场主体的经济行为、行政权力在市场中的运行没有充分的规范约束，经济运行无充分的法律依据，利益归属没有明确的划分，各类市场不同程度地存在着无序、失控的状态。国有资产产权界限不明，造成国有资产大量流失而无有效的法律控制手段等。在这样一个缺乏强有力的法律控制、法律秩序紊乱的经济环境中，权钱交易、不正当竞争之类的腐败现象就势所必然了。其二，执法行为缺乏力度，不能有效地实现法律的目的。许多领域并非无法可依，而往往是“执法不严”“违法不究”。其原因是执法环节缺乏有效的程序规范和责任机制，执法者往往可以为所欲为，不受追究。其后果是法律的权威荡然无存，无法建设良好的法治秩序。而执法过程中的交易更成为腐败现象的主要表现之一。就监督机制而言，主要表现为：①没有完备的权力监督机制。行政权力随着社会经济的发展而日益膨胀，这是社会的需要，本来无可厚非，可相应的监督制度却没有得到发展，以致行政权力失控，滥用权力成风。现有的一些监督机构如行政监察机关等，其职权手段都不够强大有力，不能满足需要。②社会监督处于无法可依的境地。《宪法》第41条明确赋予公民以监督权：“中华人民共和国公民对于任何国家机关和国家工作人员的违法失职行为，有向国家机关提出申诉、控告或者检举的权利。”但除了“信访”等途径之外，公民的监督权力没有法律制度予以保证；新闻舆论的监督也是无法可依，更因为权力机构行使权力的透明度不高，一般不为社会所知晓，极有限的社会舆论监督也往往无从着手。

三、加强制度建设，推进反腐倡廉建设的政策措施

党的十八大之后，新一届中央领导集体特别重视反腐败工作，2012年1月14日，中共中央总书记习近平在十八届中纪委三次全会上表示，要“以猛药去疴、重典治乱的决心，以刮骨疗毒、壮士断腕的勇气，坚决把党风廉政建设和反腐败斗争进行到底”。同时会议也提出了“大案震慑、兼打‘苍蝇’”“通过严厉查处各级、各类腐败案件震慑腐败猖獗的形式，为从根本上治理腐败赢得时间”的反腐方略。反腐败要标本兼治，不仅要注重治标，从制度层面上去遏制腐败现象，更要从道德文化建设、弘扬社会成员的民主法治意识等方面去清除腐败得以滋生的土壤，彻底根除腐败之本。具体措施有如下几点：

首先，进一步推动市场经济改革，建立一个完善的、规范化的市场体系，使经济活动市场化，尽力削弱或消除权力因素在经济活动中的影响。与此同时，大力推进政治体制改革，真正做到党政分开、政企分开，确立政府在经济活动中的恰当位置，配

置合理的政府职能，为市场经济的良性运行提供服务。

其次，完善监督体制。腐败是权力的异化，绝对的、没有制约的权力必然导致腐败。“要防止滥用权力，就必须以权力约束权力”。因此，强化监督机制是反腐败必不可少的最重要的手段。监督机制的建设主要有以下几个方面：一是拥有国家权力的国家机关之间的相互监督制约。在我国现行的政治体制下，首先应使人大的权力机关的监督落到实处，使之具有可操作性；其次是监察、审计等专门监督机关的职权需要强化，真正起到监督作用；再次是完善司法权力对行政权力的监督，也即完善行政诉讼制度，扩大其受案范围以满足现实的需要。二是社会对权力行使的监督。其主要内容是完善新闻舆论的监督，强调公众参与。新闻自由应确立为原则，同时完善群众协商对话制度、信访制度、申诉制度等，将公众对国家权力行使的批评、建议、申诉控告、检举揭发权利落到实处。三是政府活动应该公开。政府活动的公开是政府权力活动接受公众监督的前提。这种公开还应包括政府官员的财产申报制度。腐败总是阴暗的、见不得人的，将权力活动、官员财产状况等置于阳光下，让公众检视，其监督作用自不待言。

第三，加强法制建设。首先，必须制定各种反腐败的法律，建立和完善立体的、多方位的反腐败的法律体系，不给有贪欲者留有模糊、疏漏等可趁之机。其主要内容有：关于公务员制度方面的法律制度如公务员法等；关于监督机制方面的法律制度如监察法、新闻法、财产申报法、党政关系法等；关于权力运行的法律制度如行政处罚法、行政程序法等；关于市场经济方面的法律制度；《刑法》中关于惩治腐败的法律制度等。其次，注重执法。要特别强调法律面前一律平等、树立法律权威，严禁以党纪、政纪抵充法律制裁。部分地区政府部门的执法活动一向较差，令出而禁不止，极大地损害了法制的严肃性、权威性。再次，鉴于腐败风行的严峻形势，应加大惩罚力度，使腐败者望而生畏，收支相抵不合算。严刑峻法用当其时，往往会起到出人意料的效果。

第四，加强党性教育，增强官员的政治责任感和道德自律意识。任何良好的制度都必须依赖于人去执行，人的素质高低是关键。仅仅依靠外部制约机制去抑制腐败远远不够，还必须通过加强道德制约，依靠道德和正义的力量，根据政府官员的行为和实际利益，通过正确的道德判断和道德监督，以达到制约政府官员滥用权力的目的。道德制约手段主要有：一是通过利益分析，对政府官员有无腐败可能作出判断，促使政府官员养成廉洁习惯；二是通过新闻媒介等舆论作用对腐败行为形成强大压力以减少腐败现象的发生；三是培养政府官员的廉洁意识，自觉形成腐败可耻、廉洁光荣的道德意识。同时，由道德修养的加强进而建立政府官员自觉自愿的政治责任感。这是法制建设和实现法治社会的极其重要的条件之一。

第五，弘扬以“公平正义”为核心的民主价值观念，建设一个良好的法治社会。

良好的法治环境有助于提高社会成员的道德素质，而社会成员高水平的道德素质又是形成良好的法治社会的必要前提。唯有真正提高公民的道德素质，使整个社会的所有成员（或者绝大多数成员）都能具有较强的主体意识、民主观念，腐败现象才会失去其生存的文化环境和社会基础，为社会所不齿，以权谋私者也才会无立足之地，时时自危。当国民价值观念中真正具有“公正”的内涵时，政治操作直接制约的领域或者间接制约的领域就可以通过价值理性的弘扬来达到公正的实现。因而，以公正为核心的民主价值观念在反腐败的斗争中是不可缺少的基本观念。不过，在我国要做到这一点，还需要经历一个漫长的历史过程并作出相应的努力。

总之，对腐败现象的蔓延，我们要正确认识其复杂根源，并对症下药，不仅治标，健全各项制度，更要治本，提高民众民主意识，真正做到“标本兼治”。当然，这需要全社会的共同努力。这个任务尽管很艰巨，但可以相信，违背历史发展和基本人性的腐败是必然可以得到彻底根治的。不久的将来，清正廉明、风气纯正必将成为我们社会风气的主流。

【思考题】

1. 如何看待我国当前的腐败问题？当前我国政治腐败高发的原因有哪些？
2. 反腐败工作有哪些对策？你如何看待十八大之后党中央的一系列反腐败行动？

拓展阅读资料

阅读材料 1：习近平总书记反腐讲话摘登

坚定不移惩治腐败，是我们党有力量的表现，也是全党同志和广大群众的共同愿望。我们党严肃查处一些党员干部包括高级干部严重违纪问题的坚强决心和鲜明态度，向全党全社会表明，我们所说的不论什么人，不论其职务多高，只要触犯了党纪国法，都要受到严肃追究和严厉惩处，绝不是一句空话。

——《依纪依法严惩腐败，着力解决群众反映强烈的突出问题》（2013 年 1 月 22 日）

有的群众说“老虎”离得太远，但“苍蝇”每天扑面。这就告诉我们，必须着力解决发生在群众身边的腐败问题，认真解决损害群众利益的各类问题，切实维护人民群众合法权益。

——《在党的群众路线教育实践活动第一批总结暨第二批部署会议上的讲话》（2014 年 1 月 20 日）

向被巡视地区、单位反馈时，要直指问题，一五一十把问题抖搂出来，根本不要搞任何遮掩，责成其认真整改。这样巡视才能有权威、有威力，才能有这么多举报信息。如果我们对群众举报没有回应，没有按从严治党的要求去做，群众的期待就会挫伤。不能看人看地方下“菜碟”，对领导同志工作过的地方，不能投鼠忌器，要全部扫描。

——《在中央政治局常委会听取中央巡视工作领导小组2014年中央巡视组首轮巡视情况汇报时的讲话》（2014年6月26日）

对广大官兵和群众反映的消极腐败问题，一定要认真查处。任何人违反了党纪国法，都要依法惩治，绝不能手软。我们说，党内不能有腐败分子的藏身之地，军队是拿枪杆子的，更不能有腐败分子的藏身之地。

——《在中央军委常务会议上的讲话》（2012年11月15日）

国际追逃工作要好好抓一抓，各有关部门要加大交涉力度，不能让外国成为一些腐败分子的“避罪天堂”，腐败分子即使逃到天涯海角，也要把他们追回来绳之以法，五年、十年、二十年都要追，要切断腐败分子的后路。

——《在第十八届中央纪律检查委员会第三次全体会议上的讲话》（2014年1月14日）

要建立健全违反法定程序干预司法的登记备案通报制度和责任追究制度，对违反法定程序干预政法机关执法办案的，一律给予党纪政纪处分；造成冤假错案或者其他严重后果的，一律依法追究刑事责任。

——《严格执法，公正司法》（2014年1月7日）

深入推进反腐败斗争，持续保持高压态势，做到零容忍的态度不变、猛药去疴的决心不减、刮骨疗毒的勇气不泄、严厉惩处的尺度不松，发现一起查处一起，发现多少查处多少，不定指标、上不封顶，凡腐必反，除恶务尽。

——《在中共十八届四中全会第二次全体会议上的讲话》（2014年10月23日）

阅读材料2：2015年反腐八大亮点

亮点1：反腐没有休止符

新闻盘点：随着京沪“首虎”的落马，全国31个省（自治区、直辖市）打虎全覆盖。截至12月15日，今年已有郭伯雄、周本顺等20多个省部级以上干部落马。至此，十八大以来落马的省部级以上官员超过120个，所谓“反腐转段”“一阵风”等论调不攻自破。

反腐不断深入，正风执纪越来越严。据中央纪委统计，八项规定出台三年来，全国已累计查处违反中央八项规定精神问题10万余起，处理人数13万余人。今年以来，包括4个省部级干部、283个地厅级干部在内的23951人被党纪政纪处分。

专家点评：中国社会科学院中国廉政研究中心副秘书长高波表示，今年以来，反腐方向越发清晰，反腐“红利”也越发突出。通过严厉查处减少腐败存量，通过制度建设堵住腐败增量和变量，反腐行动为四个全面战略布局的推进起到重要作用。

亮点 2：明确党纪严于国法

新闻盘点：10 月，中共中央印发《中国共产党廉洁自律准则》和《中国共产党纪律处分条例》。条例明确纪在法前、纪严于法，被称为“改革开放以来最全、最严党纪”。准则适用对象从党员领导干部扩大到全体党员。

今年以来，各级纪委通报中鲜明的“纪律语言”是纪法分开、纪在法前的明确信号。中央纪委对河北省原省委书记周本顺涉嫌严重违法违纪的通报中，首先提到的是严重违反政治纪律和政治规矩，在重大问题上发表违背中央精神的言论。

专家点评：中国政法大学副教授于国旦说，今年的重要变化是纪检部门执纪中将纪律挺在前面，明确对党员的要求高于群众。具体思路是靠法律惩治贪腐的极少数，靠党纪管住党员干部的大多数，从源头防止腐败滋生。

亮点 3：海外追逃成反腐“第二战场”

新闻盘点：去年海外“猎狐”行动成效显著，今年中国政府更是积极有效张开“天网”。4 月，国际刑警组织中国国家中心局公布 100 名涉嫌犯罪的外逃国家工作人员、重要腐败案件涉案人等的红色通缉令，加大全球追缉力度。

截至 10 月 31 日，全国公安机关共从 63 个国家和地区抓获各类外逃人员 627 人。涉案金额千万元以上的 162 人，逃往境外超过 10 年的 32 人。江苏、北京、广东、江西、浙江、河南等地先后有多个“红通人员”落网归案。美国首次向中国遣返的“百个红通人员”之一杨进军，是“中国第一女贪官”杨秀珠的胞弟。

专家点评：北京师范大学国际刑法研究所所长黄风认为，海外追逃已成我国惩治腐败的“第二战场”。中国正在通过不断完善自身的法律制度为国际合作创造更多条件，海外不再是逃避司法打击的“避难天堂”。

亮点 4：对“团团伙伙”“山头主义”零容忍

新闻盘点：今年以来，中央纪委以查处违反政治纪律、组织纪律作为审查重点，对“团团伙伙”“山头主义”加大打击力度。

中央纪委通报显示，江苏省委原常委、秘书长赵少麟因严重违纪被审查，并有“在党内搞团团伙伙”的行为。内蒙古自治区党委原常委、自治区政府原副主席潘逸阳，国家安全生产监督管理总局原局长杨栋梁等的违纪通报中都有“进行非组织政治活动”的表述。

专家点评：中国社会科学研究院中国廉政研究中心副秘书长高波表示，新修订的《中国共产党纪律处分条例》明确规定，在党内搞团团伙伙、结党营私、拉帮结派等活动捞取政治资本，情节严重的给予留党察看或者开除党籍处分。今后，“结党营私”“拉帮结派”“团团伙伙”将难有生存空间。

亮点 5：聚焦群众身边“蚊蝇腐败”

新闻盘点：今年以来，各级纪委对群众身边腐败案件的通报频率显著提高。中央纪委专门督办一批基层干部的典型违纪问题，进一步释放严查群众身边“四风”和腐败问题的信号。

“顺吃苹果”、大办婚宴等一些小贪小腐、抓早抓小的问题更多出现在纪委通报中。此外，截留农村低保户“养命钱”、骗取农业保险“救灾钱”、冒领已故五保老人“死人钱”、克扣贫困家庭“扶贫款”等民生领域腐败也被大量通报。

专家点评：中国政法大学副教授于国旦说，群众身边的“蚊蝇腐败”行为小危害大，有的表现出“小官大贪”“腐败窝案”等特点，直接损害群众利益，影响执政党形象。以“打苍蝇”“抓问责”为重点，最终要让群众看到、享受到全面从严治党的成果。

亮点 6：对腐败追究党委主体责任

新闻盘点：中央纪委监察部网站公布，2014 年至 2015 年上半年，全国共有 9000 多个领导干部因落实党风廉政建设和反腐败工作“主体责任”“监督责任”不力被问责。

因任内连续发生 3 个厅级领导干部严重违纪违法案件，河南省新乡市委原书记李庆贵被免去领导职务；云南省德宏地区 27 个“一把手”落实“主体责任”不力被追责……

专家点评：中国纪检监察学院副院长李永忠说，落实主体责任、监督责任，意味着明哲保身当“老好人”、对下属贪腐苗头熟视无睹的“太平官”不好当了，也让日常的批评教育、纪律处分成为组织生活常态。

亮点 7：专项巡视“利剑出鞘”

新闻盘点：在去年完成 31 个省（自治区、直辖市）中央巡视全覆盖的情况下，今年，中央巡视组加大对中管国有企业的巡视力度，探索分行业、分领域专项巡视，实现对中管国有重点骨干企业的巡视全覆盖。

今年多个省部级国企高管被查处。中国建筑工程总公司被发现存在违规围标串标等问题，6 人被移送司法机关；中远集团一些领导人员在巡视前“顶风”公款旅游、公款打高尔夫球、滥发奖金、到风景区开会等，均被通报处理。

专家点评：北京大学廉政建设研究中心主任李成言认为，从近年查处的腐败案来看，国企已成腐败高发、易发、多发领域。专项巡视把一大批专业性强、带有行业特点、之前不易发现的腐败问题揭露出来，使巡视工作更加深入，反腐更加高效。

亮点 8：纪委“清理门户”自我净化

新闻盘点：打铁还需自身硬。党的十八大以来，全国纪检监察系统共处分违纪干部 3400 多人。纪检队伍中的“害群之马”相继被清理出去，体现了反腐部门不护短、不手软，对腐败零容忍的态度。

8 月，广东省纪委原副书记钟世坚被立案调查；9 月，北京市怀柔区原纪委书记周燕因公款旅游被撤职；12 月，山西省委巡视组原组长刘向东严重违纪被“双开”、安徽省委巡视组原副组长方克友涉嫌严重违纪被调查……

专家点评：北京航空航天大学廉洁研究与教育中心主任任建明认为，纪检监察干部责任重大，解决“灯下黑”问题至关重要。2015 年，各地纪检机关以“壮士断腕”的勇气主动“清理门户”，从制度上完善内部监督机制。

阅读材料 3：他山之石——新加坡的反腐经验

新加坡是世界上为数极少的在经济高度发展的同时有效遏制了腐败现象的国家，也是不靠“政党轮替”式民主和“狗仔队”式新闻监督而成功解决了腐败问题的国家。自治期间和建国之初，新加坡贪污腐败问题相当严重，并渗透到社会各个层面。但经过近二十年坚持不懈的努力，至 20 世纪 70 年代后期，新加坡就基本遏制住了贪污腐败问题。到 20 世纪 90 年代后期，新加坡已是公认的全球最廉洁国家之一，曾连续十年进入全球廉洁度排名前十名国家。其反腐经验主要有以下三点：

1. 制度保廉

健全廉政法律制度，尽一切可能减少腐败的机会和渠道，并使得腐败问题发现起来更加容易，是新加坡廉政建设最为重要的经验。新加坡政府认为，“易于发生贪污的部门或机构往往存在制度上的缺陷和漏洞”“廉政建设的根本在于从制度上设防”。为此，从 20 世纪 60 年代开始，就坚持把反腐倡廉及各项活动纳入法制化制度化轨道。1960 年新加坡政府颁布了《反贪污法》，后又多次修订，使之日臻完备。该法虽然只有 35 条，但规定得非常严密、详细和明确，具有相当强的可操作性，一方面使得执法人员能够迅速公正地断案，一方面使得犯罪分子无空可钻。经过 40 多年的努力，新加坡已建立起了一套完整有效的反腐防腐法律和制度，包括《公务员法》《公务员指导手册和纪律条款》《预防贪污贿赂法》《没收贪污贿赂利益法》《公务员惩戒规则》《防止贪污法》《财产审核法》和《中央公积金制度》等。新加坡廉政制度建设，具有以下几个显著特点：一是注重制度的操作性。每出台一项法律和制度，都力求做到严密、详细和明确，而且坚持根据形势的发展变化，不断修订完善已有的法律和制度。二是突出制度的预防性。一方面，对可能出现的腐败问题，超前制定法律和制度，防范腐败问题的发生。比如，新加坡政府决定在 2009 年兴建两个包括赌场在内的综合旅游度假村，以带动经济发展。为防止赌博恶习危害家庭和社会，也为防止公职人员参与赌博，新加坡政府早在 2007 年 10 月就制定出了《赌场管制法（草案）》，目前正在进行全民讨论。另一方面，加强公职人员道德自律的法律和制度建设。如《公务员手册》，对政府各部门公务员不同的职务行为，从穿衣、言行、奖惩、津贴、休假、保密和举债等方面，都作出了明确、具体的规定。再如公务员品德考核制度，要求公职人员必须随身携带政府发给的记录个人品德的日记本，并将自己的活动随时记录下来。三是维护制度的严肃性。一方面，信奉“文化是制度之母”，注重加强法规制度的宣传和规矩意识的教育，使全体国民尤其是公职人员养成遵纪守法的良好习惯。另一方面，对违反法律和制度的官员，不论其地位多高、名声多大，一概严惩不贷、决不姑息，而且地位越高处罚越重，确保制度执行到位、贯彻到底。

2. 铁腕护廉

新加坡政府成立伊始就鲜明地提出了“打倒贪污”的口号，历来把贪污受贿视作腐蚀国家价值体系和投资者信心、破坏国家稳定和经济发展的严重罪行，对贪污受贿者实行严刑竣法、严厉惩治的政策，并强调要“让腐败者在政治上身败名裂、在经济上倾家荡产”。其做法主要体现在以下五个方面：

一是在认定上规定极其严苛。公职人员只要收受了与政府机关或公共机构签约人或其代理人的报酬，不管是否为对方谋取利益，也不管收受多少好处，都认定为受贿行为。对“收取报酬”的范围规定得也极为宽泛，既包括金钱、礼物、证券和财产，也包括信息、服务、恩惠和许诺等。

二是在证据上采取有罪推定。如果一个官员被发现生活阔气，消费明显超过收入，或拥有与收入不相称的财产，法院就可以此作为贪污受贿的证据。

三是在量刑上实行逐项量刑。官员只要有受贿行为，哪怕是一新元钱也照样予以处罚，而且实行逐项量刑、合并计算的刑罚制度，每项罪名最多可判处有期徒刑 5 至 7 年（没有无期徒刑或死刑）。假如一位公务员先后 10 次受贿，他将受到 10 项指控；若 10 项罪名都成立，按照最高限 7 年量刑，他就将被判处 70 年徒刑，实际上等于被终身监禁。此外，按新加坡《没收贪污所得利益法》，即使贪污受贿者已经死亡，也要继续追缴其贪污受贿的赃款赃物。

四是在调查上赋予反贪机构特权。新加坡贪污调查局是该国打击和防范贪污贿赂行为的最高机关，直属总理公署，局长由总统任命，只对总理负责，不受其他任何人指挥和管辖。贪污调查局的主要职责是：受理公众举报、查处腐败案件、预防腐败发生。为保证贪污调查局能够有效地与贪污行为作斗争，新加坡先后制定并多次修订《防止贪污法》等法律，使贪污调查局拥有包括秘密调查权在内的令人生畏的特殊权力：①刑事调查权。贪污调查局可以在无检察官允许的情况下，行使《刑事诉讼法》赋予警方的任何调查权力。②秘密调查权。贪污调查局对涉嫌贪污的人有权进行跟踪和秘密调查，还可以采用卧底、“放蛇”、窃听、录音、拍摄、录像等方式搜集证据。③特别搜查权。在执行重大调查任务时，贪污调查局可以武力搜查任何地方、任何账目及任何银行的任何保险箱，并有权要求任何人揭发或交出所需要的全部材料、文件或物品。④无证逮捕权。贪污调查局可以不用逮捕证就逮捕涉嫌贪污罪行的任何人，包括对其行为存在合理怀疑的人。当然，为保证贪污调查局正确、恰当地行使权力，也有两个方面的制衡措施。一方面，贪污调查局只有调查权而没有检控权和定罪权，检控权由律政部负责，定罪权由法院负责。另一方面，贪污调查局局长须随时向总理报告有关调查情况（不影响依法独立调查），贪污调查局人员涉嫌贪污和徇私枉法，包括局长在内的被调查人员必须停职。

五是在处理上不留情不手软。新加坡原国家发展部部长郑章远，与前总理李光耀有很深私交并深受器重，他不仅参与创建了新加坡共和国，而且在推行“居者有其屋”计划中作出过重大贡献，可谓“劳苦功高、人才难得”。1986 年郑章远因涉嫌受贿 40 万元被调查，他拒不承认并向李光耀求情，希望帮忙压下此案。李光耀虽为老部下扼腕叹息，却仍然强调“没有人可以超越法律”，并说：“我帮了你，我们的党就完了！”郑章远最终畏罪自杀。前环境发展部政务部长接受印度尼西亚商人赠送的 7 张机票，携带家人旅游，被发现后不仅被撤职，还被判刑 4 年。一名在监狱工作的警员，因帮犯人买了条香烟收受 15 元“好处费”，被判刑 3 个月。

3. 积薪养廉

新加坡廉政建设的一个重要措施，是推进“积薪养廉”而非“高薪养廉”。虽然从表面上看新加坡高级领导人的工资差不多是世界上最高的（2008 年新加坡部长年薪为 192.8 万新元，约合 964 万元人民币），但领取高薪的只是少数精英，且是他们的全部收入，与其在企业时的薪水要相差很多。真正对公务员起激励和约束作用的，是新加坡的中央公积金制度。其主要内容是：公务员个人支出工资总额的 18%，政府支出 22%，以相当于工资总额 40% 款项存入公务员个人公积金账户；工龄越长，公积金就会越多。实行这一制度后，若公务员能够廉洁奉公，没有贪污受贿渎职等行为，其退休后凭公积金收入就足以保证全家生活富裕。但新加坡法律也规定，凡有贪污受贿渎职等违法行为者，一律取消其全部公积金。新加坡前商业事务局局长格林奈，在任职期间曾因政绩卓著被评为“杰出公务员”。然而，他在 1990 年以购买新汽车为由向银行申请贷款，银行付款后他却没有买汽车而改作他用；他在某印度尼西亚商人尚未签约前，先后两次对八达汽车公司谎称该商人已买下某度假村，劝说该公司也投资 300 万新元。事发后，他被法院以“说谎罪”判处 3 个监禁，后又被开除公职，其担任公职 20 年的 50 余万新币的公积金和 30 万元的退休金也被取消，以致身败名裂、倾家荡产。新加坡公积金制度的成功经验表明，推行这一制度，可以提高公务员廉政勤政的收入预期，能够增加公务员贪污腐败的即期成本和未来风险，从而对公务员的廉洁从政行为起到激励作用、对公务员的贪污腐败行为起到约束作用，使得公务员不敢也不愿因贪图蝇头小利而毁掉自己后半生的幸福生活。

阅读材料 4：党风廉政建设基本知识

1. 习近平总书记强调的“五个必须、五个决不允许”具体内容：

一是必须维护党中央权威，决不允许背离党中央要求另搞一套；

二是必须维护党的团结，决不允许在党内培植私人势力；

三是必须遵循组织程序，决不允许擅作主张、我行我素；

四是必须服从组织决定，决不允许搞非组织活动；

五是必须管好亲属和身边工作人员，决不允许他们擅权干政、谋取私利。

2. 党的规矩到底包括哪些？

党的规矩包括四个方面：

第一，党章是全党必须遵循的总章程，也是总规矩；

第二，党的纪律是刚性约束，政治纪律更是全党在政治方向、政治立场、政治言论、政治行动方面必须遵守的刚性约束；

第三，国家法律是党员、干部必须遵守的规矩；

第四，党在长期实践中形成的优良传统和工作惯例。

3. 中央纪委十八届五次全会总结的 2014 年来党风廉政建设和反腐败斗争取得的成效：

（1）坚持无禁区、全覆盖、零容忍，严肃查处腐败分子，着力营造不敢腐、不能腐、不想腐的政治氛围。

（2）明确提出当前和今后一个时期的总体要求和主要任务，强调党风廉政建设和反腐败斗争永远在路上。

（3）严肃责任追究，强化党风廉政建设主体责任；横下一条心纠正“四风”。

（4）深化党的纪律检查体制改革，强化党内监督。

4. “三严三实”具体内容：严以修身、严以用权、严以律己；谋事要实、创业要实、做人要实。

5. 纪委“三转”“两为主”“一案双查”内容：

“三转”：转职能、转作风、转方式。

“两为主”：一是“查办腐败案件以上级纪委领导为主，线索处置和案件查办在向同级党委报告的同时必须向上级纪委报告”。二是“各级纪委书记、副书记的提名和考察以上级纪委会同组织部门为主”。

“一案双查”：对腐败案件既要追究当事人责任，又要倒查追究相关领导责任，包括党委和纪委的责任。

6. “两个责任”内容：

党委的主体责任，纪委的监督责任；各级党委（党组）是落实党风廉政建设的责任主体，主要领导是“第一责任人”。

党委（党组）主体责任主要内容：组织领导、选好用好干部、加强和改进作风建设、推进源头治理、支持纪检工作。

第一责任人职责：研究部署、把握廉政状况、支持纪检工作、重视廉政教育、开展检查考核、带头廉洁从政。

7. 中央八项规定内容：

（1）要改进调查研究，到基层调研要深入了解真实情况，总结经验、研究问题、解决困难、指导工作，向群众学习、向实践学习，多同群众座谈，多同干部谈心，多商量讨论，多解剖典型，多到困难和矛盾集中、群众意见多的地方去，切忌走过场、搞形式主义；要轻车简从、减少陪同、简化接待，不张贴悬挂标语横幅，不安排群众迎送，不铺设迎宾地毯，不摆放花草，不安排宴请。

（2）要精简会议活动，切实改进会风，严格控制以中央名义召开的各类全国性会议和举行的重大活动，不开泛泛部署工作和提要求的会，未经中央批准一律不出席各类剪彩、奠基活动和庆祝会、纪念会、表彰会、博览会、研讨会及各类论坛；提高会议实效，开短会、讲短话，力戒空话、套话。

（3）要精简文件简报，切实改进文风，没有实质内容、可发可不发的文件、简报一律不发。

（4）要规范出访活动，从外交工作大局需要出发合理安排出访活动，严格控制出访随行人员，严格按照规定乘坐交通工具，一般不安排中资机构、华侨华人、留学生代表等到机场迎送。

（5）要改进警卫工作，坚持有利于联系群众的原则，减少交通管制，一般情况下不得封路、不清场闭馆。

（6）要改进新闻报道，中央政治局同志出席会议和活动应根据工作需要、新闻价值、社会效果决定是否报道，进一步压缩报道的数量、字数、时长。

（7）要严格文稿发表，除中央统一安排外，个人不公开出版著作、讲话单行本，不发贺信、贺电，不题词、题字。

（8）要厉行勤俭节约，严格遵守廉洁从政有关规定，严格执行住房、车辆配备等有关工作和生活待遇的规定。

【网站链接】

1. http://www.zgff.org/　反腐中国

2. http://fanfu.people.com.cn/　人民网反腐败专题

3. http://www.aisixiang.com/zhuanti/86.html　爱思想反腐败专题

【相关图片】

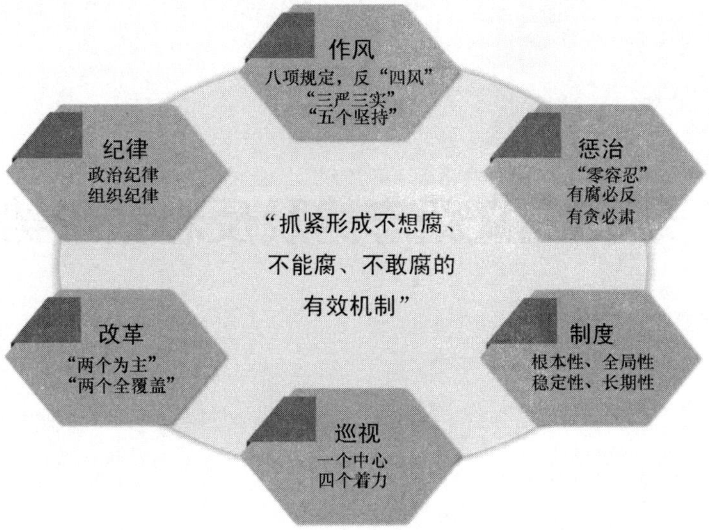

当前中国的反腐方略

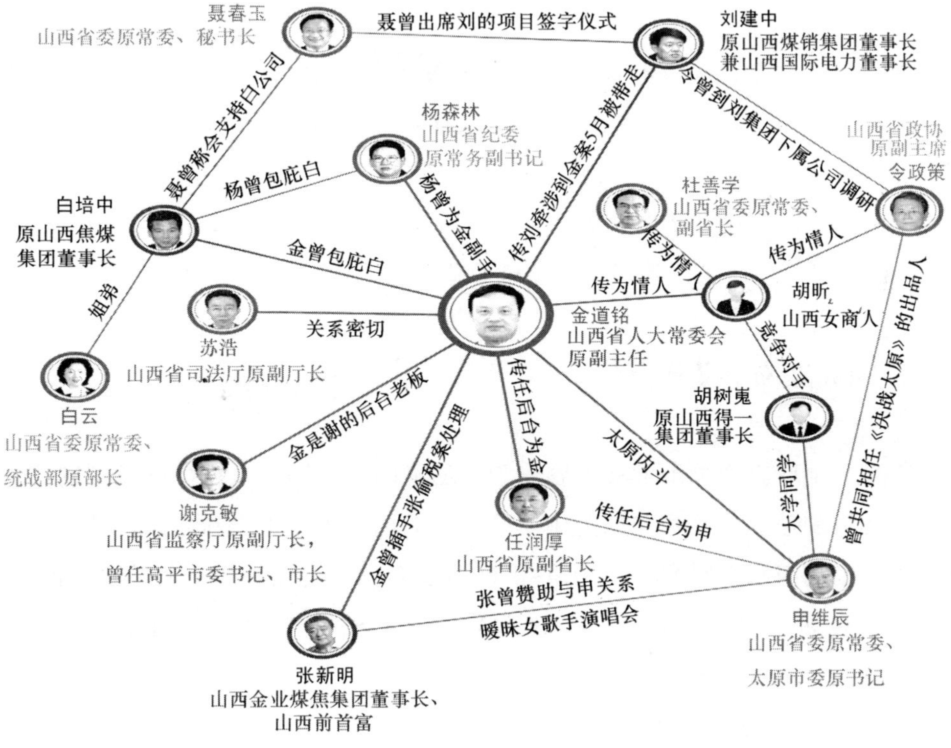

山西落马高官关系图

专题五　恐怖主义新态势及反恐新形势

导语：2014 年以来，国际恐怖主义"全面开花"，逐渐形成了一个从东南亚经南亚、中东至非洲的"C"型恐怖主义新版图，其中"伊斯兰国"在中东地区肆虐作歹、全球扩张，南亚恐怖势力"胜利在望"、强势复苏，非洲恐怖活动愈发猖獗、大案频发，东南亚恐怖活动也有复燃之势。当前，国际恐怖主义正进入新一轮快速发展阶段，恐怖主义新态势渐趋成型，国际反恐斗争面临严峻挑战。

一、国际恐怖主义新态势

近年来，全球恐怖袭击形势不容乐观，随着国际恐怖主义在全球范围内的肆虐和泛滥，一幅以中东、南亚和非洲为主要策源地的国际恐怖主义新版图逐渐形成。国际著名智库"经济与和平研究所"2014 年 11 月发布的《全球恐怖主义指数报告》统计，2013 年，在全球 87 个国家发生了 9814 起恐怖袭击案件，比 2012 年增长了 44%。随着国际恐怖主义在全球范围内的肆虐和泛滥，一幅以中东、南亚和非洲为主要策源地的国际恐怖主义新版图逐渐形成。

（一）中东恐怖势力蹿升，成为国际恐怖活动首要策源地

2014 年以来，"伊斯兰国"（前称"伊拉克和沙姆伊斯兰国"，曾是"基地"组织在

伊拉克的分支机构）异军突起、攻城略地，占领叙利亚和伊拉克的大片土地。该组织悍然宣布建立横跨伊拉克和叙利亚的“哈里发国家”，其头目阿布·巴克尔·巴格达迪当选为最高领袖“哈里发”，并号召全球穆斯林支持和效忠于他。据美国中央情报局估计，“伊斯兰国”的规模可能在3万人以上，而且该组织财力雄厚，总资产高达20亿美元，称得上是“全球最富”的恐怖组织。凭借雄厚的财力和人力，“伊斯兰国”迅速蹿升为国际恐怖势力的“领头羊”。在伊拉克，“伊斯兰国”大力挑拨、刺激教派冲突，对执政的什叶派政权构成严重威胁。2014年4月，“伊斯兰国”发布2013年度战果报告，宣称2013年共发动了9540起袭击行动，包括4465起路边炸弹袭击、600起汽车炸弹袭击和1083次暗杀行动。而伊拉克政府2015年1月公布的数据显示，2014年该国发生的各类恐怖袭击和暴力冲突共导致15538人死亡、22000人受伤，成为2007年以来“最血腥”的一年。2015年，“伊斯兰国”组织依然是国际社会面临的主要恐怖威胁。2015年1月7日，法国巴黎《查理周刊》遭袭；8月17日，泰国曼谷市中心四面佛神庙附近发生爆炸，至少20人死亡、120多人受伤，遇难者包括中国人、新加坡人等；11月13日晚，法国巴黎遭遇恐怖主义袭击，系列袭击事件造成至少128人死亡，250人受伤，其中99人伤势严重。

随着“伊斯兰国”在伊拉克和叙利亚做大，伊、叙边界已经名存实亡。“伊斯兰国”把伊、叙当做“根据地”，进一步向中东地区国家渗透蔓延，成为该地区最大的恐怖威胁。2014年“伊斯兰国”在黎巴嫩、约旦等伊、叙周边国家多次作案。伊拉克驻美国大使鲁克曼表示，“‘伊斯兰国’的兴起是一个全球肿瘤。如果国际社会不能有效协调应对，那么将导致出现一千个本·拉登”。

（二）南亚恐怖活动依旧猖獗，“基地”组织伺机反扑

以美国为首的西方国家在南亚反恐十余年，虽然击毙了“基地”组织首领本·拉登以及该组织一半以上的头目，但当地的恐怖活动依旧猖獗，特别是在美国撤军的背景下，该地区的恐怖活动呈现不断上升的势头。2014年，阿富汗塔利班等武装组织活动更加频繁，阿富汗首都喀布尔发生多起重大恐怖袭击，塔利班9月22日发表声明拒绝承认新当选的阿富汗总统阿什拉夫·加尼，还警告称塔利班会继续作战。联合国阿富汗援助团12月19日发布的年度报告显示，自2014年年初至11月底，阿富汗平民的死伤人数分别为3188人和6429人，平民伤亡人数较2013年增加近两成，创有记录以来的新高。面对日趋恶化的安全形势，美国被迫调整政策，宣布减少计划中的撤军人数。在阿富汗的邻国巴基斯坦，塔利班不断在巴基斯坦的经济、政治腹地制造事端，2014年6月8日更是对卡拉奇国际机场发动了骇人听闻的袭击。面对恐怖活动的持续威胁，巴基斯

坦政府不得不于6月15日宣布在位于该国西北部的部落地区开启前所未有的全面反恐战争。而巴基斯坦塔利班则掀起报复性恐怖袭击浪潮，12月16日，悍然袭击了巴基斯坦西北部城市白沙瓦一所军人子弟学校，造成至少141人死亡，震惊国际社会。同时，盘踞在南亚蛰伏多年的“基地”组织开始为美国的“后撤军时代”奔走准备，大有以胜利者姿态再次复兴的势头。“基地”组织长期得到阿富汗和巴基斯坦境内武装势力的庇护，与阿富汗塔利班、巴基斯坦塔利班、“哈卡尼网络”等在人员上存在交织，在行动上相互配合。为继续得到阿富汗塔利班支持，2014年9月，“基地”组织现任头目扎瓦希里发表声明，重申向阿富汗塔利班头目毛拉·奥马尔效忠。为拉抬士气、招募新人，扎瓦希里宣布成立“基地”组织印度次大陆分支，推动在印度、缅甸和孟加拉国等国家的“圣战”行动。

（三）非洲恐怖袭击大案频发，恐怖主义持续延烧

非洲多国乱局为该地区恐怖势力的发展创造了有利条件，大批在押的“资深”恐怖分子获释或越狱并重操旧业，恐怖势力趁利比亚、突尼斯、埃及等国出现“权力真空”之机大肆扩张，建立活动基地。非洲三大恐怖组织——尼日利亚“博科圣地”、索马里“青年党”及“基地”组织北非分支——制造了一系列恐怖袭击大案。自2013年5月尼日利亚政府军在该国东北部开启完全按照“战争模式”进行的反恐行动以来，“博科圣地”与尼政府军间的对抗日趋激烈。据统计，2014年一季度因“博科圣地”恐怖活动而死亡的平民超过1500人。“博科圣地”活动范围向该国政治、经济重心延伸，4月14日，尼日利亚首都阿布贾的一个汽车客运总站遭“博科圣地”炸弹袭击，造成72人死亡。“博科圣地”还大肆袭击学校和进行绑架活动。同样在4月14日，尼日利亚东北部博尔诺州一所女子学校遭“博科圣地”突袭，276名少女被绑架，大部分学生被以极低的价格卖给武装分子当奴隶或妻子。同时，“博科圣地”还不断向尼日利亚邻国扩张。2015年1月1日，“博科圣地”在喀麦隆极北大区杀害了11名公共汽车乘客。而就在两天前，“博科圣地”在极北大区杀害了十几名卡车司机……

在索马里，2014年以来，非盟维和部队联合索马里安全部队针对“青年党”发动了新的攻势，夺回了几座城镇。但“青年党”依然控制着索马里中部、南部的广大农村地区，继续进行游击战，多次袭击索马里总统府和政府高官。2014年2月总统府遭遇汽车炸弹和恐怖分子袭击，造成14人死亡；7月，“青年党”再次袭击总统府。同时，“青年党”还将触角伸向了肯尼亚等周边国家。“基地”组织北非分支在马里的扩张虽然遇到阻击，但其实力并未遭到致命折损，开始通过路边炸弹、汽车炸弹、伏击等形式与外部围剿力量展开周旋。在遭到打击的压力下，北非分支的活动范围不断向

利比亚、突尼斯、毛里塔尼亚等国扩张，与各国极端武装相互勾连利用，建立新的活动基地。此外，新生恐怖组织不断在非洲大陆滋生蔓延。埃及、利比亚、突尼斯等国近年陆续出现名为“伊斯兰教法支持者”的极端组织。它们有别于传统的恐怖组织，主张“恐怖袭击只能削弱敌人并取得短暂的胜利，宣教等活动则可以更好地扩大自身影响力，为未来建立实施伊斯兰教法统治的国家打下坚实基础”。

二、国际恐怖主义新特点

国际恐怖主义自2011年进入新一轮发展上升期以来，在多个层面展现出新特点，在2014年表现得尤为突出和明显，甚至蔓延到2015年。

1. 暴恐手法更趋极端和残暴

“经济与和平研究所”发布的《全球恐怖主义指数报告》显示，2013年全球恐怖袭击造成17958人死亡，比2012年增长61%。而世界著名风险评估公司梅波克洛夫公司（Maplecroft）2014年7月23日发布的研究报告显示，全球与恐怖袭击有关的平民死亡数量正大幅上升，截至2014年7月的过去12个月里，全球有18668人死于恐怖袭击，与过去五年的平均水平相比上升了30%。这些都显示出恐怖袭击的手段越来越致命。在中东、南亚、非洲等地区，造成大量平民伤亡的恐怖袭击高发、频发。在尼日利亚，“博科圣地”频繁绑架妇孺、血洗村庄。在伊拉克，“伊斯兰国”掀起教派仇杀，杀害大批伊拉克雅兹迪人，其公然斩首伊拉克政府军士兵和西方人质的视频引发了国际社会的一片哗然。国际恐怖活动日趋针对平民，一方面是由于恐怖组织试图通过制造大规模伤亡来报复政府的打击行动，动摇政府的反恐决心。另一方面也是由于“塔克菲理主义”这一极端思想在全球的蔓延。

2. 以“伊斯兰国”为代表的多个恐怖组织均奉“塔克菲理主义”为思想圭臬

“塔克菲理主义”思想认为一名“纯洁”的穆斯林可以将其他行为或信仰有违伊斯兰教义的穆斯林视为“异教徒”，而所有非穆斯林均为“异教徒”，处死“异教徒”是穆斯林的职责，并主张以极端强硬手段“净化”伊斯兰社会。其次，在暴恐路线上选择“建国”路线。国际“圣战”运动近年出现了关于优先打击“近敌”（伊斯兰国家世俗政权）还是优先打击“远敌”（西方国家）的争论。长期以来，以“基地”组织为代表的传统恐怖势力主张将以美国为首的西方国家作为首要打击目标，将西方在伊斯兰世界的盟友列为第二目标，最终恢复建立“哈里发”帝国。而以“伊斯兰国”为代表的新生恐怖势力则倡导在控制区迅速建立“政权”，实行严苛的伊斯兰教法统治，然后再不断向外扩张。由于“基地”组织多年未能在西方策划实施有影响力的恐怖袭击，其袭击“远敌”的路线逐渐失去吸引力。随着“伊斯兰国”实力的迅速攀升，其与“基地”组织争夺国际暴恐主导权的野心逐渐暴露。

事实上，“伊斯兰国”与“基地”组织长期貌合神离，当初出于获取资金等支持而加盟“基地”组织，期间多次违背“基地”组织指示。2014年1月以来，“伊斯兰国”与叙利亚多股反对派武装爆发激烈冲突，“基地”组织头目扎瓦希里多次提出“和平倡议”均遭到“伊斯兰国”的无视和反对。“伊斯兰国”崇尚暴力和异常保守极端，令“基地”组织都无法接受，“伊斯兰国”头目巴格达迪则认为扎瓦希里背弃了拉登的暴恐路线。2014年2月3日，被逼无奈的扎瓦希里发表声明，宣布“伊斯兰国”并非“基地”组织分支，两者不存在任何组织联系。这是“基地”组织首次与其分支机构公开决裂。“伊斯兰国”此次高调宣布建立“哈里发国家”并呼吁全球穆斯林向巴格达迪效忠，表明其正在试图侵蚀“基地”组织对国际“圣战”运动的领导权。

3. 东南亚、南亚、北非等地已有不少国际恐怖势力开始向“伊斯兰国”靠拢

2014年4月，来自阿富汗、土库曼斯坦和伊朗的9位“基地”组织大佬宣布退出“基地”组织转而加入“伊斯兰国”。阿尔及利亚恐怖组织“哈里发战士”也于9月宣布效忠“伊斯兰国”；突尼斯、埃及、利比亚等国的“伊斯兰教法支持者”也纷纷声援和支持“伊斯兰国”。

三、恐怖主义的成因及影响

（一）恐怖主义的成因

国际恐怖主义的跌宕起伏与经济贫困、政局动乱、政治腐败等因素密切相关，也与所处时代大背景和国际战略格局的变迁息息相关。当前，国际恐怖主义肆虐泛滥的主要原因有以下几个方面：

1. 西亚北非多国社会转型前景不明，滋生恐怖主义的根源性问题持续恶化

恐怖主义是社会急剧变革的时代条件下衍生的一种犯罪现象，是某些社会团伙及个人对这种变革不适应、不理解、不能正确应对的极端表现。国际恐怖主义首先是一种社会现象，而不是一般意义上的安全现象。任何一场社会转型都不是短期可以轻易实现的，其中的极端现象也不是经历安全战略调整后就可在短期内消失的。在剧烈复杂的社会变革之中，国家疲于应对紧迫的经济与安全问题，疏于对社会问题的重视与管理，特别是对文化与素质教育的关注，结果造成暴力文化与极端思潮的泛滥。

社会管理的普遍疏失加剧了转型中社会矛盾的对抗性，一些原本可以通过合法手段解决自身问题的社会青年在暴力文化的蛊惑下更易走向极端道路。当前，西亚

北非地区“阿拉伯之春”大变局所诱发的后遗症仍在发酵和扩散，叙利亚、伊拉克、埃及、突尼斯、也门、利比亚等国大多面临着国家失序、政局不稳、教派矛盾激化、经济衰退、失业率高、腐败严重等问题，这些问题都非一朝一夕就能解决。各国政府军力、物力、财力衰微，管辖全境困难重重，边界管控更趋薄弱，为恐怖势力的滋生蔓延创造了土壤。例如，在也门，2014 年 9 月以来，属于什叶派的胡塞武装控制了首都萨那，并逐渐向西部扩张，冲突不断。也门旧有的权力结构被打破，政府虚弱，胡塞武装的崛起给“基地”组织阿拉伯半岛分支的扩张提供了机会，一些部落势力开始与基地组织阿拉伯半岛分支联手保护部落利益免遭胡塞武装侵犯，而这种联合可能最终导致也门的分裂。在利比亚，该国仍处于政治和安全真空，首都的黎波里逐步落入极端组织之手，其他地区则大多数处于各股部落势力和民间武装的控制之下。

2. 政治伊斯兰与激进伊斯兰势力之间的“跷跷板效应”凸显

伊斯兰世界的世俗派、政治伊斯兰（也称温和伊斯兰，接受世俗政治框架，主张通过合法途径参与国家政治）和激进伊斯兰三股力量间长期博弈，此消彼长。政治伊斯兰势力曾借“阿拉伯之春”迅速崛起，而激进势力当时则面临被边缘化的境地。但是昙花一现，以埃及穆尔西政权遭军事政变推翻为标志，政治伊斯兰势力在埃及、突尼斯、摩洛哥等国的参政努力受挫，通过议会选举掌权的温和变革之路变窄。世俗势力与政治伊斯兰势力之间的斗争加剧，埃及穆斯林兄弟会政权倒台后，该组织亦被埃及军政府列为恐怖组织，遭到取缔和打击。这个源于埃及、影响力遍布中东乃至全球的穆斯林组织迅速由执政党沦为恐怖组织，目前已有一万多名成员被逮捕，这导致部分温和势力开始选择暴力。而激进势力和“圣战”思潮则获得良机，在该地区大行其道，新兴极端组织不断涌现，强调用伊斯兰教法管理和改造社会，用“圣战”消除“异教徒”，用武装斗争夺取政权，暴恐思想的市场不断扩大。

3. 西方和中东地区国家合谋推翻叙利亚巴沙尔政权，为恐怖势力坐大创造了有利环境

2011 年叙利亚爆发内乱后，美国宣布叙利亚总统巴沙尔·阿萨德丧失执政合法性，随后欧盟、土耳其以及沙特、阿联酋、卡塔尔等国家和地区也都支持美国。为了实现推翻巴沙尔政权的目标，叙利亚形成了“全国联盟”。但在联盟之外，还有一批极端组织，比如“伊斯兰阵线”“圣战军”“胜利阵线”等，这些组织获得了一些海湾国家的支持。他们打着推翻巴沙尔的旗号，笼络人心，很快发展起来。“伊斯兰国”此前一直在伊拉克西部活动，叙利亚政府军对边界失控后，该组织发展到叙利亚境内，并在叙利亚境内壮大起来；而后又越过边境，返回伊拉克境内，最终控制了叙伊交界的大片

土地，其实力及危害性更甚以往。最后，美国全面收缩反恐战线，在一定程度上减轻了国际恐怖主义面临的外部压力。

美国在“9·11”事件后主导塑造的国际反恐体系日趋松散。美国出于应对新兴大国崛起的需要以及对恐怖主义的周期性发展认识不足，致使其安全战略调整与国际反恐需求渐行渐远。在此大背景下，国际恐怖活动在中东、南亚、非洲等多个地区愈发猖獗。尤其是奥巴马上台以来，强调美国不再独立承担打击国际恐怖主义的任务，要求地区国家承担主要反恐责任。在南亚，美国自2011年击毙本·拉登之后，开始加快撤军进程。在中东，在美军和伊拉克政府军的联合打击下，2011年伊拉克恐怖势力残余力量曾不足千人。然而，2011年12月，美国自伊拉克完全撤军后，恐怖势力迅速死灰复燃，并蜕变出威胁更大的“伊斯兰国”。在非洲，面对对美国构成直接威胁的个人或组织，美国通过出动无人机或派出特种部队进行猎杀或抓捕。对于对美国不构成直接威胁的恐怖势力，美国则通过向相关国家提供援助等方式扩大自身利益范围，而不会真正重拳打击。

（二）恐怖主义对国际形势的影响

当前，中东、南亚和非洲等地区恐怖主义的泛滥不仅对地区国家的社会稳定、经济发展等方方面面造成冲击和破坏，对整个国际社会也构成前所未有的安全挑战。一方面，“伊斯兰国”成功“建国”、中东政治伊斯兰受挫以及美国从南亚撤军对暴力“圣战”意识形态产生刺激效应，导致全球“萨拉菲圣战”掀起热潮。这股结合了宣教、社会运动和国际暴力“圣战”的浪潮正在伊斯兰世界急速扩张，并逐渐波及世界其他地区。新一代“圣战”分子原则上不拒绝使用暴力，但强调首先通过说教和劝导推动其价值观的传播，最终建立实施严苛伊斯兰教法统治的国家。

另一方面，伊拉克、叙利亚地区冲突吸引着世界各地的恐怖和极端分子前往参战。他们一旦“回流”，将对各国、地区乃至国际安全与稳定构成严重威胁。中东乱局引发了继20世纪80年代阿富汗战争和2003年伊拉克战争之后的第三波外国“圣战”分子的流动潮，当前的规模和速度也都远远超过前两次。目前在中东的外国“圣战”分子多达1万多人，包括来自美欧国家的3000多人。美国联邦调查局局长科米表示，潜入叙利亚参战的美国人回流美国是“最大隐忧”。德国、法国、英国、澳大利亚等国也视回流的“圣战”分子为最大恐怖威胁。同时，在“伊斯兰国”等恐怖组织的大肆煽动下，一些图谋出境参战未果的极端分子转而选择进行就地“圣战”，导致美欧本土极端分子实施的“独狼”式恐怖袭击明显增多。例如，2014年10月20日加拿大现役军人遭汽车撞击案；10月22日加拿大首都渥太华严重枪击恐怖袭击案；10月23日美国纽约警察遭砍杀案；12 月 15 日澳大利亚悉尼绑架案；2015 年 1 月 7 日法国巴黎《沙尔利周刊》恐怖袭击案等。

面对国际恐怖主义威胁的上升，国际社会尤其是美欧国家纷纷加强了防范和打击恐怖主义的力度。“伊斯兰国”的突然崛起使国际社会重新加大对国际反恐的关注和投入，并再次组建国际反恐新联盟打击“伊斯兰国”。同时，“伊斯兰国”成为国际反恐合作新的焦点，这将对大国关系甚至国际格局的变化产生影响，一些国家开始搁置和淡化相互间的分歧和摩擦，寻求在反恐问题上进行合作。

四、如何应对恐怖主义威胁

应对恐怖主义威胁是事关世界未来的战斗，各国必须共同应对。面对恐怖主义新态势，如何加强国际反恐协调与合作、采取有针对性的反恐策略予以应对，成为国际社会面临的紧迫问题。

1. 凝聚共识，摒弃双重标准

恐怖主义是全人类的公敌，恐怖主义不论以何种形式出现，不论何时何地，针对何人何事，都必须予以打击。不能搞双重标准，不能像有些西方国家那样，凡是威胁到本国安全和利益的都将其定性为恐怖主义或支恐国家，对于那些无关本国安全和利益的恐怖主义却不予打击，甚至还暗中支持纵容。更不能将恐怖主义与特定的民族或宗教挂钩。当前尤为紧迫的是，国际社会应该进一步加大对“伊斯兰国”的打击力度，形成合力，以遏制其不可阻挡的发展势头。

2. 协调一致，发挥联合国的主导作用

当前，美国牵头组建了有 50 多个国家参加的打击“伊斯兰国”的新联盟，但是新反恐联盟的凝聚力明显不足。美国的打击战略犹豫不决，瞻前顾后，并不愿意冲在反恐前线。有鉴于此，国际反恐斗争必须发挥联合国及其安理会的主导作用。唯有如此，才能维护团结，有效协调，一致行动。

3. 多措并举，有针对性地推进国际反恐斗争

国际反恐斗争需要在政治、安全、经济、金融、情报以及思想领域综合施策，标本兼治，致力于铲除恐怖主义滋生的根源和土壤。同时，在国际反恐行动中，要平衡运用“硬”“软”两种手段，在采取军事手段时应注意降低其产生的负面效应，如无人机反恐行动击毙了部分恐怖分子，也造成大量平民伤亡，结果适得其反。此外，采取军事行动必须符合联合国宪章和安理会决议。当前，打击恐怖组织通过互联网传播极端思想成为各国面临的紧要问题。“基地”组织、“伊斯兰国”等国际恐怖组织极其重

视通过互联网开展宣传活动，每年制作发布数以百计的视频、音频、电子杂志等宣传材料。全球反恐战争俨然变成一场思想和宣传战，不少人在恐怖势力的宣传鼓动下走上了暴恐不归路。为此，一方面，相关国家应该有针对性地揭露极端思想的危害性及其欺骗性，批驳恐怖组织的歪曲宣传，逐渐在全社会对极端思想形成“人人喊打”之势。另一方面，应该加大对利用互联网散播、扩散极端主义思想行为的打击力度，尽快制定全球互联网行业行为准则，坚决封堵利用社交媒介传播极端思想的渠道，特别是发布暴力和恐怖音视频。

4. 强化国际反恐合作，尤其是大国间的协调合作

在中东、南亚和非洲等恐怖活动重灾区，这些地区的国家大多反恐能力不足，因此国际社会比以往任何时候都更需要在全球范围内开展反恐合作。在中东，相关大国更需要充分认识新一轮暴恐势力发展的方向和性质，携手推动地区摆脱乱局，巩固过去十多年的反恐成果，并形成协调有效应对地区恐怖势力发展的合作机制。在南亚，确保阿富汗未来安全不失控和防止庇护国际恐怖势力政权的再生，是国际社会的一致目标，这需要美国、中国、俄罗斯、印度、欧盟和相关国家及地区共同协商，为阿富汗政权提供必要的政治、经济和安全支持，鼓励阿富汗从战时状态实现转型成为正常国家。在非洲，各大国在非洲利益和目标都面临严峻的恐怖威胁，如何帮助当地国家发展、分享恐怖活动信息、协调应对地区乱局和保护海外利益等问题尤为紧迫，也需要充分的国际沟通和合作，防止大国在非洲竞争阻碍反恐合作。

五、我国面临的恐怖主义威胁及防范对策

近年来，我国发生的暴恐活动呈不断上升趋势，尤其是2013年年底以来，暴恐分子在新疆维吾尔自治区境内外制造多起恐怖袭击大案，造成重大人员伤亡。随着美国从南亚撤军，我国周边及中东非洲地区恐怖活动日趋猖獗以及国际敌对势力加紧对我国进行渗透破坏、纵容支持境内外“三股势力”，我国面临的恐怖威胁有不断升高的态势。

（一）我国面临的恐怖主义威胁

1. 境内外“三股势力”特别是“东突”恐怖势力是我国面临的主要恐怖威胁

所谓的“东突”恐怖势力是指以把新疆从我国分裂出去为目标、以恐怖袭击为手段的恐怖组织或团伙。其中“东突厥斯坦伊斯兰运动”（简称“东伊运”，又名“东突

厥斯坦伊斯兰党”）是“东突”恐怖势力中最具危害性的恐怖组织之一，也是我国面临的最直接、最现实的安全威胁。

2014年以来，“东突”恐怖势力制造了多起暴恐大案，包括“3·01”昆明火车站恐怖袭击案，造成31人死亡、141人受伤；乌鲁木齐“5·22”爆炸案，造成39人死亡、94人受伤；喀什莎车“7·28”恐怖袭击案，造成37人死亡、13人受伤。新疆是“东突”恐怖活动最为猖獗的地区，在我国政府始终保持严打高压态势下，尤其是2014年5月以来，在中央政府统一部署下，以新疆为主战场，开启了严厉打击暴恐犯罪的专项行动，当地恐怖活动的势头得到有效遏制。但是，在国际恐怖活动示范效应等影响下，近来“东突”恐怖活动呈现出一些新的发展动向，这为我国反恐工作提出了新的课题和新的挑战。一方面，“东突”恐怖袭击绝大多数发生在南疆地区，但是2013年以来，“东突”恐怖势力在南疆以外地区尤其是疆外策划实施恐怖袭击的动向开始显现。另一方面，在袭击目标的选择上，此前强力部门和政府机构是恐怖袭击的主要目标，而近来发生多起针对人群密集的公共场所——火车站、菜市场、旅游景点等目标的袭击，造成大量手无寸铁的普通民众伤亡。此外，由于“东伊运”等“东突”恐怖势力与“基地”组织、“伊斯兰国”等国际恐怖组织勾连不断加深，“东突”恐怖势力在活动手法上不断与国际恐怖势力接轨。

2. 中亚、南亚地区的“三股势力”对我国西北地区安全稳定形成渗透和冲击

中亚各国民族宗教矛盾错综复杂，经济发展滞后，边境管控能力低下，“三股势力”盘踞于此，跨界活动频繁。中亚地区与我国西北边境毗邻，实际上已经成为“三股势力”对我国进行分裂与恐怖活动的“前进基地”。境外的极端宗教组织和民族分裂组织，不仅以中亚为根据地，频繁在国外制造分裂我国的舆论，而且竭力向我国民族地区渗透，向“东突”势力提供资金、武器弹药和培训。同时，随着以美国为首的北约联军从阿富汗撤军，中亚、南亚地区恐怖活动逐渐抬头，由此形成的“外溢效应”对我国的影响不容忽视。

3. 我国驻外机构和人员面临的恐怖威胁上升

近年来，恐怖分子绑架我国驻外人员，要挟我国政府的事件有所增加。在巴基斯坦、阿尔及利亚、喀麦隆等国都曾发生过类似事件。随着我国国际地位的提高和影响力的扩大以及在非洲、中东、南亚等恐怖活动重灾区海外利益的不断拓展，我国在相关地区面临的恐怖威胁势必增大。

从以上分析来看，恐怖主义活动对我国社会稳定、经济发展和国家安全构成了日益紧迫的重大威胁，我国面临的反恐形势日趋严峻。在反恐问题上，需要加强反恐能力建设，积极动员广大人民群众参与其中，同时还要坚持标本兼治，对恐怖势力保持

高压严打态势并注重从根源上铲除恐怖主义滋生的土壤。

（二）我国面临恐怖主义采取的防范对策

1. 加大依法惩处和严厉打击力度

当前，要深刻认识我国反恐形势的严峻性复杂性，强化底线思维，以坚决态度、有力措施，严厉打击各种暴力恐怖犯罪活动。坚持凡“恐”必打、露头就打，给暴力恐怖势力以毁灭性打击，坚决把暴力恐怖分子嚣张气焰打下去，坚决挤压暴力恐怖活动空间，坚决遏制其蔓延升级势头，切实维护社会稳定、保障人民安居乐业。2015年年12月27日，《中华人民共和国反恐怖主义法》已由中华人民共和国第十二届全国人民代表大会常务委员会第十八次会议通过，并在全国人大官方网站予以公布，自2016年1月1日起实施。

2. 提高人民群众的反恐、防恐意识和知识

习近平总书记指出：“要坚持专群结合、依靠群众，深入开展各种形式的群防群治活动，筑起铜墙铁壁，使暴力恐怖分子成为‘老鼠过街、人人喊打’。”恐怖活动具有很强的突发性、隐秘性和不可预测性，恐怖主义也很难从根本上被彻底消灭。群众既是需要保护的对象，也是政府防范和打击恐怖主义行动中最大的支撑力量，构建一个包括政府各职能部门、社会各组织机构以及每个公民在内的综合防控体系是当务之急。美欧等国家着力发挥普通民众在防范恐怖主义中的核心作用，编织一张覆盖整个社会的安全防范网络，起到了良好效果。当前，急需通过广播电视、报纸杂志、互联网、手机等媒介向公众开展防范恐怖活动的安全教育和应急自救知识学习。为此，2014年6月，公安部专门制定下发《公安部关于公安机关建立完善暴力恐怖犯罪活动举报奖励机制的通知》，以充分调动人民群众的反恐积极性，广泛发动群众及时举报涉恐涉暴线索。7月，国家反恐办首次编制出版了《公民防范恐怖袭击手册》。

3. 加强网络反恐力度

互联网既可以为恐怖分子所用，借以实施恐怖袭击，也可为情报机构和执法部门所用，加强对社交网站、聊天工具、论坛等平台的监控，通过监控和分析互联网涉恐信息，掌握恐怖分子在互联网上的活动踪迹，及时侦测到潜在恐怖活动。同时，打击和批判“东突”恐怖势力网络暴恐宣传，查证“东伊运”电子杂志和“圣战”论坛的制作过程、传播途径和渠道，与相关国家合作予以封堵、摧毁和屏蔽。

4. 注重源头治理，彻底铲除滋生蔓延恐怖主义的土壤

在反恐斗争中，除采用强硬手段严厉打击外，还应当注重从社会、经济和文化根

源上应对恐怖主义。一方面，通过法治手段减少腐败、促进社会公平正义与社会发展，保障社会各阶层、各族群的平等政治参与。另一方面，使用经济、教育等手段提升社会弱势群体、社会底层人口素质，提高其参与经济活动的能力，增强其造血功能，缩减社会各阶层差距，减少社会矛盾激化的可能。

5. 推进国际反恐合作

加强与南亚、俄罗斯和中亚相关国家的反恐合作，堵截“东突”的跨境通道，并对相关国家的反恐斗争提供力所能及的支持，挤压“东突”恐怖势力境外生存空间。针对中东和美欧等国，要大力揭批“东突”恐怖势力的暴恐本质，阐明我国的反恐立场和政策，争取其对我国反恐斗争的理解和支持，并促进相关反恐合作。

【思考题】

1. 结合当前时政，中国在维护世界和平与发展中如何发挥重要的力量？

2. 面对世界纷繁复杂的国际国内局势，为维护世界和平，当代大学生应该肩负起怎样的责任？

3. 你认为应该怎样打击恐怖主义？

拓展阅读资料 1

专家观点

1. 中国外交部长王毅。国际反恐必须拿出新思路和新举措：第一，加大信息收集与分享。应充分发挥联合国及相关国际机构的优势，包括建立反恐数据库和信息交流平台，分享情报资源，强化情报分析。第二，加强网络反恐。要坚决封堵利用社交媒介传播极端思想的渠道，特别是发布暴力和恐怖音视频。网络公司和网络运营商应当自律。为此，有必要尽快制定全球行业行为准则。第三，切断流动和融资渠道。各国，特别是那些冲突周边国家应当承担国际责任，有效加强边境管控。要强化金融监管合作，打击地下钱庄等非法活动，阻断恐怖融资。第四，推进去极端化。要依法打击、取缔散布和传播极端思想的场所和人员。同时，要保护正常宗教活动，普及大众教育，发挥社区作用，以此传播正能量。（来源：外交部网站，2014 年 9 月 25 日）

2. 中国现代国际关系研究院反恐怖研究中心主任李伟。美国反恐越反越恐的原因在于强行植入美式民主。美国在反恐的过程中常常对反恐所处的地区和国家植入美式民主，导致了植入式的民主水土不服，所以美国的两场反恐战争依然没有解决任何问题。美国采取军事干预的方式，干预其他政权，使得这些国家和地区的动荡局势日趋严重，政府控制力日益下降，相应地就出现地区权力真空。而恐怖主义的发展蔓延，正是得益于动荡的局势以及政府控制力的下降。从这点而言，可以说美国虽然在国际上打着反恐的旗号，它所产生的效果却是一方面打恐，另外一方面扬恐。这就是为什么“9·11”以来的 13 年国际恐怖主义愈演愈烈的最根本因素。（来源：海峡之声网，2014 年 9 月 12 日）

3. 中国国际问题研究院研究员华黎明。“伊斯兰国”崛起的四个原因：一是叙利亚和伊拉克长年动乱给宗教极端思想提供了滋生的土壤；二是“伊斯兰国”新一代“基地”组织的高级领导人智商高且在欧美国家受过教育，对西方国家有深刻的了解，并非乌合之众；三是“伊斯兰国”擅长利用社交网络招募人员和宣传圣战思想；四是“伊斯兰国”成功实施“以钱养战”“以油养战”的策略，占领了大城市和大油田，不仅成为最富有的恐怖组织，同时还吸引了全球圣战分子的加入。如果要追根溯源的话，美国 2003 年发动伊拉克战争是造成当前局面的罪魁祸首。因此，美国对于打击“伊斯兰国”负有不可推卸的责任。（来源：人民网，2014 年 9 月 1 日）

拓展阅读资料 2

各国反恐立法

美国

美国 20 世纪 80 年代开始进行反恐怖主义立法，相继制定了 1984 年《禁止支持恐怖主义活动法》等法律。“9·11”事件后，美国迅速制定《捍卫与加强本土安全采取防范与打击恐怖主义举措的法案》（即《爱国者法》），2003 年制定了《国土安全法》，2005 年制定了《爱国者法增补及再授权法》。

英国

英国在 1974 年制定《防止恐怖主义法》之后，又先后制定了 1978 年《反恐怖斗争法》、1982 年《扣留人质法》、1989 年《反恐怖斗争法》、2000 年《反恐怖主义法》、2001 年《打击恐怖主义及犯罪和维护安全法》、2005 年《预防恐怖主义法》、2006 年《反恐怖主义法》、2008 年《反恐怖主义法》等一系列反恐怖主义法律。

俄罗斯

俄罗斯于 1998 年制定了《反恐怖主义法》，2006 年作了全面修订，此后又根据反恐怖主义形势进行了 5 次修订。

德国

德国为适应反恐怖主义需要，加强反恐怖主义措施，对《联邦宪法保卫法》《军事反间谍局法》《联邦刑事局法》等 21 部法律的有关条款进行了集中修订，并汇集这些修订条款编纂形成《反国际恐怖主义法》。

此外，加拿大、法国、意大利等国也加强了反恐怖主义立法工作。

小知识

什么是恐怖主义

“恐怖主义”一词源于拉丁文 terror（意为畏惧、恐怖）。“恐怖主义”作为一个专用名词，最早出现在 18 世纪末法国大革命中的雅各宾派专政时期。此后不久，恐怖主义一词开始作为一个贬义词，在英语中流行起来。恐怖主义分为近代恐怖主义与现代恐怖主义。两者最大的不同是，近代恐怖主义往往是个人恐怖行为，即由个人进行暗杀、绑架，暗杀的对象也往往只是有影响的政要个人。近代恐怖主义的口号是“要更多的人看，而不是要更多的人死”。现代恐怖主义则形成于 20 世纪 60 年代，恐怖活动已超出国界而具有国际性质。现代国际恐怖主义表现出一些新特点，如恐怖组织集团化、恐怖行动跨国化、恐怖手段科技化、恐怖目的残酷化等。他们提出的口号是“要更多的人看，也要更多的人死”。联合国曾就恐怖主义的定义组织讨论过多次，至今仍无一致的意见。但通过联合国的多次讨论，基本形成了一种倾向性的意见，即承认恐怖主义定义有三要素：非法暴力、具有政治动机、滥杀无辜。

专题六　日本修宪及对世界安全局势的影响

导语：《日本国宪法》是第二次世界大战后日本作为战败国在美国的监督管理下制定的，是日本现行宪法。此宪法在美国驻日盟军最高司令道格拉斯·麦克阿瑟将军提出的修宪三大原则基础上，以“去军事化”和“民主化”为修宪标准而制定的。因此，《日本国宪法》也被称为“和平宪法”。《日本国宪法》于1946年11月3日作为正式宪法公布于世，1947年5月3日正式生效。作为一部从战后废墟和失败阴影中制定出来的宪法，尽管拥有“和平宪法”的光环，却非自我衷心的表达，而是基于美国政治压力而被动接受，其骨子里的传统军国主义思想一直未能清除。自宪法颁布实施以来，日本国内修宪的声音就已存在。尤其自2012年12月把修改和平宪法视为历史使命的安倍晋三再度登上首相宝座以来，修改《日本国宪法》中的部分条款就成为其执政的主要议题之一。安倍晋三从舆论、政策和组织等方面对修宪做了积极准备。若日本修宪成功，进行军事扩张，这对世界安全局势将会产生重大影响。

一、日本修宪的背景及原因

在日本，具备现代意义宪法观念的成文宪法是明治维新改革的重要成果，在历史上被称为“钦定宪法”的《大日本帝国宪法》。这部宪法颁布于1889年，源自伊藤博文等对普鲁士宪政考察之后的参照，以普鲁士宪法作为模本制定而成。这部宪法却并未体现出现代民主宪政，反而军国主义色彩浓厚，尤其是对天皇无上权威的尊重，最终导致了一场侵略战争。尽管此宪法曾经一度带领日本走向繁荣之路，但随着第二次世界大战的结束也一并走向灭亡。于是第二次世界大战后，日本作为战败国在美国的压力下制定了新的宪法，就是现行的《日本国宪法》。因为这部宪法第 9 条明确放弃战争和军队而被世界誉为“和平宪法”，并且率先通过国内立法摒弃战争，为国际法领域提供了借鉴，可谓意义重大。但随着日本经济实力显著增强、国际地位日益提高，日本越来越需要一个与其国力相称的军事力量，力图成为一个真正的综合强国。因此，日本修宪运动在近年来愈演愈烈。

分析影响日本修宪的原因，主要有国内因素和国际因素两个方面。国内因素有：

1. 经济因素

在第二次世界大战后初期，吉田茂认为，战败的日本必须集中精力发展经济，恢复元气；主张日本在国际政治上紧紧追随美国，借美军来保卫日本；同时严格限制军费开支，避免卷入冷战。20 世纪 50 年代到 80 年代，日本经济高速发展，日本成为第二大经济体，再度激发了日本国民的民族自豪感和自信心。国民在战后以来长期受到压抑的民族主义感情重新释放，民族优越感再度滋长。据日本广播协会（NHK）的抽样调查，认为“日本国民比其他国家国民更加优秀”的日本人，在 1983 年上升到了 71%。政界出现了要求修改宪法，使日本在国际上取得与其经济地位相称的政治地位的声音。而到了 90 年代，经济发展长期难有起色，在一定程度上导致了 90 年代以来日本首相的频繁更迭。“短命”的弱政府在内政方面捉襟见肘，拿不出使日本摆脱疲惫状态的良策，为寻求民意支持迎合民族主义上升的需求，竞相否认侵略历史，寻求与周边国家对抗，并借口周边安全环境恶化，突破和平宪法限制，壮大军事力量。

2. 政治因素

日本修宪进程深受政党政治结构状况，尤其是保守政党与革新政党力量对比的制约。在 1992 年日本《联合国维持和平行动法案》获得国会通过之前，自民党政府一直没有在修宪问题上获得实质性进展，很大程度上是因为社会党的有力牵制。而近年来，主张修宪的党派逐渐在政治生活中占据优势地位，护宪政党日趋衰落，难以继续对抗与制衡，各政党和日本国民一道“同归保守化”。自民党与公明党执政联盟继 2012 年 12 月赢得对众议院的控制权之后，又在 2013 年参议院大选中大获全胜。自民党在众参两院选举中连续获胜，既反映了日本民众政治态度右转幅度的加大，也标志日本政治的总体右倾化达到一个全新的高度。

3. 文化因素

日本有着深远的军国主义思想和武士道传统，这在一定程度上影响着日本修宪运动的发展。"日本军国主义思想是一个庞杂的思想体系，其来源之一是武士道精神，来源之二是日本神道教的封建糟粕，来源之三是皇国、神国史观，来源之四是十足的封建主义、殖民主义和帝国主义腐朽、反动思想糟粕的大拼盘"。日本修宪的背后是其国内的保守势力和军国主义的复苏和抬头，第二次世界大战后的清算并没彻底铲除日本的军国主义势力，导致其再次复燃，而日本的文化中对这一思想具有重要的渊源。尤其是日本首相安倍晋三上台之后再次公然参拜靖国神社，更是对军国主义的召唤。

从国际因素分析，第二次世界大战后，世界格局分为以美国为首的资本主义阵营和以苏联为首的社会主义阵营。而在亚太地区中国与朝鲜皆加入了社会主义阵营，这对资本主义阵营在亚太的势力造成压力，于是美国出于自身战略考虑，将对日本的严厉惩治并清除武装力量转变为利用和拉拢日本，使其成为美国在远东的桥头堡和基地，将势力渗透到苏联和中国、朝鲜的周边，以对抗和遏制苏联。所以，美国在 1948 年就开始放松对日本的武装力量制裁，允许其建立小规模的武装力量进行防御，在此基础上逐渐地减少和撤回美军，这样日本的自身防卫力量不仅可以减轻美军的压力，也可以使其自己解决国内治安问题，并抵制苏联的渗透。1991 年苏联解体和东欧剧变奠定了美国世界霸主的地位，此时的日本在其经济实力的基础上试图在国际舞台上成为强国之一，渴望获得国际地位和国际承认，这种国际背景为其修宪而提高政治地位提供了契机和舞台。

进入 21 世纪，世界主题仍然是和平与发展，但恐怖主义危害不断上升，2001 年美国遭受"9·11"恐怖袭击后，日本国会通过了《反恐特别措施法》，允许日本自卫队在印度洋为美军进行补油活动。2003 年美国发动伊拉克战争以后，在美国的强大压力下，在伊拉克局势大体平定的情况下，为了配合美国的军事行动，2003 年 7 月，日本国会通过了旨在向伊拉克派遣自卫队的《伊拉克重建援助特别措施法》。2004 年 1 月 19 日，日本自卫队先遣队开进伊拉克。2004 年 2 月和 3 月，日本又分批向伊拉克派遣了约 500 名自卫队员，开创了日本向"周边"以外地区和交战国家派遣自卫队的先例。因此，日本在美国的影响下，已经实质上具备超越于《日本国宪法》所规定的军事国防力量。所以，安倍晋三上台之后才迫切地想修改宪法，极力想摆脱第二次世界大战后体制的束缚，意图打破国际秩序，建立新的国际格局，谋求政治大国地位，做一个他们自己认为的"正常国家"。

二、日本修宪的重要举措

（一）安倍修宪"三步曲"

第一步，参院选举获胜，控制众参两院。2013 年 7 月 22 日第 23 届国会参议院选举最终开票结果22日凌晨揭晓，日本联合执政的自民党和公明党在国会参议院选举中获胜，两党占据参议院过半数议席，为通过修宪投票打下基础。而要想修宪成功，2016年的参议院大选中自民党能否获取多数支持尤为关键。

第二步，修改宪法第96条，降低修宪门槛。根据日本宪法第96条规定，修改日本宪法需要在日本国会参众两院2/3以上的议员赞成的基础上，由国会发动公投议案并且获得半数以上的国民赞成方可实施。在修宪问题上，安倍晋三主张先对此做出修改，将发动公投的国会条件降低至1/2以上的议员赞成。

第三步，寻求修改宪法第9条。根据日本宪法第9条规定，“日本国民衷心谋求基于正义与秩序的国际和平，永远放弃以国权发动的战争、武力威胁或武力行使作为解决国际争端的手段”“为达到前项目的，不保持陆海空军及其他战争力量，不承认国家的交战权”。安倍政府及其自民党修改宪法的直接目标就是要删除和平宪法第9条，建立国防军，在军事强国的基础上，实现军事大国化，获得交战权，使日本成为一个“正常国家”。

（二）日本修宪的重要举措

首先，公然否认第二次世界大战侵略行为。2013年4月23日，安倍晋三在参议院预算委员会上就“村山谈话”发表看法，称将不会原封不动地继承为日本殖民侵略历史谢罪的“村山谈话”。他还就日本第二次世界大战时期的侵略行为表示，“关于侵略的定义，不管是学术界还是国际上都尚无定论”。2015年9月19日，日本执政联盟控制的国会参议院全体会议不顾在野党强烈反对，强行表决通过了安保法案，法案宣告正式成立，这意味着在法律层面上正式解禁“集体自卫权”。2014年5月9日，日本国会通过《国民投票法》修正案，将修宪公投的投票年龄从20岁下调到18岁。日本分析人士指出，安倍政权之所以下调修宪公投的投票年龄，是因为有民调显示，年轻人对修改和平宪法的抗拒感更小。2013年12月26日上午，日本首相安倍晋三参拜了靖国神社。

其次，安倍晋三为修宪做了充分的舆论准备。2013年5月5日安倍晋三在东京巨蛋棒球场向2名击球员授予“国民荣誉奖”。随着球场播报，“裁判，总理大臣安倍晋三，96号”，安倍晋三穿上96号球衣，登场客串裁判。现场直播的解说员马上评论称：“96？这与修宪有关。”2015年2月3日安倍晋三在参院预算委员会会议上，就“人质事件”借题发挥，称：“自民党已经提出了宪法第9条的修正案。之所以要修改，是为了完成保护国民生命和财产的任务。”2015年11月28日晚安倍晋三出席其担任会长的跨党派议员联盟“创生日本”集会时谈到自民党建党60周年，他称：

"以修改《宪法》为首，改变被占领期间制定的各种框架是建党的出发点。"再次表示欲修改宪法。在2016年年初的例行国会和夏季的参院选举之前，安倍晋三提及修宪意在加强其支持者保守势力的团结。安倍晋三寻求支持称："为推进这些工作，明年的参院选举希望得到大家的大力支持。"在2015年11月11日的参院预算委员会会议上，安倍晋三曾表示："为修改宪法，国民的理解不可或缺。随着国民的讨论和理解，具体内容将会自然而然确定下来。"同时，安倍晋三还渲染周边威胁，如钓鱼岛事件、恐怖主义威胁、"中国威胁论"等，在国内造成集体恐慌，为其达到修宪目的制造舆论氛围，争取民众关注与支持。

三、日本修宪对亚太地区局势的影响

宪法不可能一成不变，修改宪法更是一国内部的法律问题，他国是无权干涉的。而且宪法的修改程序通常也会由宪法自身加以规定，只要符合修宪的程序以及不给周边国家带来影响，都是本国的自由。然而从日本基于明治宪法背景下对周边国家以及世界和平带来的灾难性影响来看，其修宪的举动关乎着世界局部地区局势的安危，不能任其随心所欲。因此，日本修宪本身不是实质性的问题，问题在于日本通过修宪妄图扩军备战、挑起亚太地区的矛盾和冲突，将是令邻国难以接受的。日本若修宪成功就意味着日本拥有交战权、国家军队，成为一个"正常国家"，这对世界安全局势会产生重大影响。因此，日本修宪不仅是其国内问题，更是国际问题。

1. 对中国的影响

日本一直宣扬"中国威胁论"，把中国当做现实和潜在敌国，基于这种立场利用美国的支持对中国处处牵制、遏制和围堵。一个拥有国防军、交战权的日本，可能是一个更加强势的、危险的日本。那个时候，日本将彻底转变专守防卫的政策，很有可能通过自身保有进攻性的战略武器对中国构成主动性的威慑，并有能力运用进攻性的战略武器同中国进行对攻，甚至推行从海洋上包围中国的战略。中日两国存在着钓鱼岛领土之争，一旦日本具备了相当强大的军事实力，很有可能寻找某些借口，丑化或栽赃中国，公开敌视中国，进而发动对中国的局部战争。由于以国防军为基础的日本军事力量快速增长，这对中国的危险性、危害性将表现得更加严重，并将成为中国和平发展进程当中严重的外部阻碍力量。2014年6月16日外交部发言人华春莹在例行记者会上表示，日本军事安全政策的任何调整都不得损害中国的主权和安全利益。华春莹说，中国有个成语叫"疑邻盗斧"，讲的是一个人丢了一把斧子，怀疑是邻居偷了，怎么看邻居的一举一动都像是偷了斧子的。后来有一天斧子找到了，再看邻居的举动就怎么看都是正常的了。日本也丢失了一样东西，那就是对自己历史的正确认识，对邻国发展的正确认知以及对时代潮流的正确把握。希望日方能尽快把这些找回来，以正常和正确的心态来看待和发展与邻国的关系。

2. 对朝鲜半岛的影响

和日本相比，朝韩任何一方都属于弱势的一方。为了让自己赢得比对方更多的优势，朝韩双方也都将要尽可能地拉拢日本，利用日本，日本将借此更加深入地卷入朝鲜半岛事务。而对于朝鲜半岛，日本一贯拥有介入其事务的历史和野心。日本想拉拢韩国抗衡中国，以支持韩国的名义，重新介入朝鲜半岛，以维护本国利益。但韩国对日本抱有深刻戒心，既有联合日本自保的心态，也有尽力排斥日本、不使其深度介入韩朝双边关系、防止其渔利的心态。若日本成功修宪，朝韩将处于更加弱势的状态，日本将有条件和能力更加积极地介入朝鲜半岛事务。2014 年 5 月 19 日韩国国防部发言人金珉奭在例行记者会上表示，未经韩国政府同意，日本不可以在韩半岛行使集体自卫权，这是韩国政府的一贯立场。他还表示，在韩半岛有事时，原则上不允许日本自卫队进行军事干涉。这表明，即使韩半岛出现突发情况，韩国政府也不计划向日本求援。他强调，大韩民国宪法第 60 条第 2 项规定，他国向韩国领土和领海派驻军队需获得韩国国会的同意。宪法还规定，朝鲜也属于大韩民国的领土。这意味着，日本自卫队进入朝鲜领土和领海也需要获得韩国政府的同意。

3. 对美国的影响

日本修宪对美国带来的影响是比较微妙的。一方面日本拥有正常国家的军事力量与交战权对美国有利；另一方面也可能造成日本脱离美国的控制。美国近年来提出重回亚太的“亚太再平衡”战略，面对日益强大的中国，美国需要日本的军事力量来制约中国在亚太的势力。此外，“9·11 事件”后美国也需要日本为其反恐提供军事支持，所以美国愿意促进日本在军事上崛起，改变第二次世界大战后长期以来对日本去军事化的政策。日本一旦在军事上崛起，可以给美国助力，但也有可能成为日本驱赶美军离开日本的一种重要资本，导致美国对日本控制能力的减弱，有可能会进一步助长日本利用美国，甚至与美国分庭抗礼的一面。然而，就目前来说美国政府是在放任或者支持安倍修宪。2014 年 7 月 1 日美国总统国家安全事务副助理罗兹在记者会上称，对于安倍内阁通过宪法解释决定行使集体自卫权的行动，“奥巴马总统表示强烈支持”，认为这一新政策是促进日美同盟关系更加成熟的一环。美国国防部长哈格尔也发表谈话，对于日本政府通过决议正式行使集体自卫权一事表示欢迎。他称，通过行使集体自卫权，“自卫队能在更大范围内执行任务，将使日美同盟更为有效”。美国国务院发言人普萨基也表示：“日本完全有权利以自己认为必要的方式进行自我武装。我们鼓励日本以透明的方式来做这件事，我们也将与日方在此类重大问题上保持沟通。”

图为韩国民众在位于首都首尔的日本驻韩国大使馆前举行集会，抗议日本推动修宪和歪曲历史问题

4. 对东盟与南海地区的影响

日本第二次世界大战后对这一地区长期经营，势力显著。但随着中国力量的崛起，对东盟的影响日益扩大。日本在东南亚的势力随着自身经济力量的下降也相对衰退。为满足日本本国利益，通过支持与中国有领土纷争的国家，加强对这一地区的强势介入。2014 年 4 月 1 日日本内阁会议上通过新的武器出口三原则，即防卫装备转移三原则，成为日本武器出口的新政策，实际上等于大规模开放武器对外出口。在通过这个新的武器出口三原则不久，安倍政府已经确定对南海地区凡是与中国有岛礁和海洋争端的国家（包括菲律宾、越南、马来西亚、印度尼西亚等国）都要支援并出口巡逻舰。如果这种情况和事态进一步严重发展，修宪以后的日本军队甚至有可能加入到南海地区某国对中国的局部战争当中。

日本修宪成功，毫无疑问将进一步加强同欧盟、北美、拉美和非洲等世界各大地区和国家之间政治、经济和文化的交往，尤其将要加强安全合作与军事合作关系，以军事手段和军事实力进一步开拓日本的发展空间，扩大日本的军事影响，逐渐摆脱美国控制提升日本在国际事务中的独立性，从而成为包括军事大国在内的综合大国，努力争夺并企图主导亚太地区的事务，发挥世界性影响。

从情感上来说，《日本国宪法》的诞生是对日本在第二次世界大战期间极端残忍暴行的彻底终结与批判，是人类追求正义的必然要求。若日本一意孤行，否认历史真相，违背公平正义，成功修宪这对于第二次世界大战期间遭受到日本侵略的国家来说不能接受。这将会影响到相关国家民间交流，破坏各国民间感情，不利于世界和平发展。从文化交流来说，一旦日本修宪成功，各国间的文化交流也会随之减少。当对他国了解得越少，隔阂也会越深，这也会增加不和谐因素。从经济方面来讲，也不利于相关国家以及全球经济的发展。第二次世界大战后日本正是在《日本国宪法》的制约下，凭借着国内和世界的和平环境，在20世纪80年代快速成长为世界第二大经济体，现今虽为世界第三大经济体，但依然为世界经济强国。而中国以及亚洲四小龙的快速成长同样依靠着世界和平环境。经济发展是各个国家国民所需要的，而经济的发展必须依靠和平的环境。因此，日本成功修宪影响到国际安全的同时会影响到各国经济的发展。在经济全球化一体化不断加深的同时，因为修宪也会影响到国际贸易往来，这将影响到资源在全球的合理流动，既不符合经济学原理，也不利于全球共同发展。

总之，日本修宪最直接的影响是军事的、政治的影响，但牵一发而动全身，也会对经济、文化等方方面面产生重大影响。而政治因素、经济因素、文化因素相互作用相互影响，若产生恶性循环，也就不能保证历史不会重演。2015年下半年以来，安倍政府在修宪方面做法保守，打出主抓经济的口号，将全部精力放在了2016年夏季参议院选举。目的是为了搁置争议、赢得民心，在2016年夏季参议院选举中取得胜利。2015年11月29日在东京举行了自民党建党60周年庆典。安倍晋三在当天的庆典上表示，自民党必须在明年夏季举行的参议院选举中取得胜利，为自民党“迎接下一个60年”迈出重要一步。自民党一旦在参议院选举中取得胜利，安倍政府必然会修宪。

仪式现场

【思考题】

1. 为什么日本修宪不仅是国内问题，更是国际问题？
2. 日本修宪运动发展的原因是什么？
3. 日本修宪运动给世界带来什么样的影响？

知识链接

据日媒报道，日本每日新闻社与该国埼玉大学社会调查研究中心日前进行的一项舆论调查显示，86% 的日本民众肯定了和平宪法在促进日本战后和平发展上的积极作用，多数受访者不赞成安倍对和平宪法第 9 条进行修改。据报道，该调查自 2013 年起每年实施一次，今年已经是第三次。研究人员以日本全国 2400 名民众为对象发出问卷，共回收 1468 份有效反馈。结果显示，86% 的受访者肯定了和平宪法在日本战后发展中的正面作用，仅有 2% 的人表示“完全没有作用”，其余持中间立场。对于放弃发动战争的日本宪法第 9 条，57% 的民众反对安倍政府对其进行修改，仅有 17% 的人认为有必要进行修改。就在不久前，日本民主党党首冈田克也在日本山形县白鹰町发表演讲，强调 2016 年夏季参院选举中将以是否应该修宪为争论点，力争阻止执政党确保三分之二议席。冈田称：“安倍政府若获得三分之二议席，必然会修宪。希望让大家知道这是决定日本未来的重大转折点。”（中国新闻网 2015 年 12 月 23 日电）

3500 多名日本民众反对修宪游行示威

拓展阅读资料

安倍修宪的三重意图

中国社科院日本研究所助理研究员张晓磊：卷土重来的安倍修宪，显现出由浅入深的多重目的。第一，其直接目的在于为日本谋求军事化提供所谓的正当性。众所周知，二战后日本新宪法确立了和平主义的基本原则，这决定了日本的战后政治体制和非军事化的发展步伐；但是由于长期以来美国的纵容，日本在实际上已经朝着军事化大国一步步迈进，因此其在军事发展上总是无法在“违宪”这个焦点问题上自圆其说。通过修宪改变和平主义的基本原则，就自然使其向军事化大国迈进的步伐显得具有宪法上的正当性。

第二，在外交上谋求日美同盟关系中的对等地位。在安倍的外交安保政策框架中，强化日美同盟是其核心和基轴，所谓的强化日美同盟对日本来说根本目的在于谋求在同盟关系中的对等地位，解禁日本的集体自卫权是体现日本在同盟关系中与美国对等地位的重要标志。当前，对美国来说，亚太再平衡战略中，日本这枚棋子的重要性不言而喻，因此，日本也就具备了谋求对等地位的重要时机，此时通过修宪推动集体自卫权具有宪法效力自然成为安倍内阁的首要课题。

第三，通过修宪使日本成为所谓的正常国家，实现安倍的“日本梦”，这才是安倍修宪的根本目的。作为“民族派”的安倍，主张改革战后体制，提倡“新日本主义”，梦想着有一天日本成为政治军事大国，成为一个正常国家。而战后体制的确立是从和平宪法的颁布实施开始的，修改宪法的和平主义对于安倍来说，有着更为重要的宣示意义。这也正是安倍第二次入主日本内阁后仍然不遗余力推动修宪的深层次原因。（来源：中国网，2013 年 2 月 17 日）

安倍政府修宪的动机——国内与国际上的多层博弈

国家安全研究专家周永生认为：安倍晋三是一个有理想也有野心的政治家，他要把日本建设成为一个美丽的国家，这是他美好理想的一面；但是，他内心深处，想重振日本的雄风，恢复日本昔日帝国的荣耀，甚至想超越日本的国力，使日本成为主导世界发展的国家，则是他不切实际的野心所在。修改宪法，是他实现理想与野心的重要途径，是他在国内国际多重、复杂政治斗争当中的选择。

第一，安倍晋三想成为一个长期执政的首相。安倍晋三深通政治之术，要想执政，在日本民主政治的体制之下，平平淡淡地干下去绝无可能，那样可能很快就被民主政治的选举大潮所淘汰。因此，必须以高大上的目标来引导国民跟上自己的步伐，并且不断地为之而奋斗。在日本国内，人们最关心的是经济复苏的问题。对于一个日益老龄化的日本来说，想使经济获得活力，并且蒸蒸日上地发展，是极其困难的事情。同时，经济是一个慢功夫才能够见成效的事情。一方面，安倍晋三不得不应付民众的意愿，声称要搞好经济。但是，安倍晋三心里也清楚经济很难搞好。所以，他必须以容易见效的大目标，来引导群众，主动发声，排斥反对党的意见，显示出自己的主导性、独特性和伟大性；只有修宪的旗帜具备这种张力，也比恢复经济更容易见效，因此，安倍晋三一定要抓住修宪的大旗，让自己变得更伟大，从而使自己的执政时间更长。

第二，发展经济，或者搞民生，改善社会保障，尽管是一件好的事情，但是在日本财政拮据的情况下，短时期内很难见效，很容易被反对党抓住漏洞和把柄加以攻击，属于出力不讨好的事情。如果将执政的重点放在这些方面，一旦出现纰漏，不仅很难压制反对党的攻击，而且自身将完全被动挨打。但是，如果以修宪为自身执政的核心目标，则可以乘自民党修宪历史之夙愿，迎合日本国内右翼选民和右翼政治势力，并进而以建树日本民族大业、大功的精神，引导大多数的中间选民向自己靠拢，从而达到完成修宪、留下彪炳青史功业之目的。

第三，冷战结束以后，长期以来的日本右倾化政治势力，不断削弱日本的左翼势力，日本国内反对修宪的党派，现在只剩下了日本共产党和日本社会党两个党派，这两个党派不仅在国会当中的席位已经很少，在社会上的影响力也大不如从前。相反，主张修宪的党派占了绝大多数，包括最大的在野党民主党。只不过处于在野党的身份，民主党必然要以各种方式来反对安倍晋三的修宪政策，目的并不是真正反对修宪，而是反对自民党和安倍政府。因此，安倍晋三认为，只要对共产党和社会党坚决打压，对于民主党和其他支持修宪的政党采取某种拉拢、怀柔的政策，就有可能促使它们转变反对自民党修宪的立场。所以，安倍晋三有信心化解国内反对修宪的力量。反过来说，安倍晋三最担心的是出现民主党平庸执政的那种状况。他们既没有魄力和胆量推动修宪，也没有搞好经济、民生和社会保障，最后只能被日本选民所抛弃。在安倍晋三看来，这是最可怕的事情，为了避免重蹈民主党的覆辙，他一定要沿着修宪这条路线走下去。

第四，推动修宪，在国际上肯定要遭到中国、韩国等亚洲国家内心深处的反对，哪怕这些国家表面上并不作出明确表态，但是，他们遭受日本侵略过的苦难记忆，肯定不希望日本通过修宪获得军事上的强大和对外交战权。但他们仅仅是国际上的一种力量，无法形成对日本根本性的制约。而美国作为世界上最强大的力量，却在不断推动和怂恿日本修宪，这是由于美国国力下降，想借助日本力量的增长，平衡中国之政策目标所在。这对安倍政权来说，是一个千载难逢的大好时机。尽管在第二次世界大战以后，自民党的多朝元老都想进行修宪，但是，他们从来没有遇到过美国衰落的这样一个历史时机。在美国没有衰落的情况下，美国并没有让日本修宪的意愿。所以，自民党的那些大佬们都不得不带着终生的遗憾离开了政坛，那是因为历史没有给予他们这样一个大好的机遇。这个机遇由安倍晋三赶上了，安倍晋三则不能够放弃。得罪中国、韩国等亚洲国家是小事，错过美国赋予的历史机遇是重大的损害。安倍晋三在这两者之间反复权衡，毫不犹豫地选择修宪。

（节选自：周永生，安倍政府修宪对亚太安全的影响，国家安全研究，2015 第 5 期。）

“用军事力量控制中国是不可能的，必须想其他方法，正是为此我们才制定了和平宪法”。而对于日本首相安倍晋三，宫崎则批评称“他也许是想通过改变宪法来留名青史，实在愚蠢”。

——宫崎骏谈安倍修宪

【视频资料】

1.《头脑风暴》：20130908 期，“日本修宪，走向何方”。

2.《档案》：“日本修宪迷梦”。

知识链接

道格拉斯·麦克阿瑟将军的修宪三大原则

第一，保留天皇制度，但是认为人民的利益高于一切，天皇处于从属地位。实质为象征性的天皇君主制度。第二，日本必须在宪法当中明确放弃任何战争和一切战备，不能拥有自己的军队，必须保证和平。第三，废除所有的封建残余制度。

集体自卫权

集体自卫权即与本国关系密切的国家遭受其他国家武力攻击时，无论自身是否受到攻击，都有使用武力进行干预和阻止的权利。简而言之，即一个联盟所有成员在其中一个成员遭受攻击时进行相互武装援助。一般国家拥有集体自卫权，但因为日本是发动第二次世界大战的国家之一，依据“放弃战争，不设军队”的宪法第九条规定放弃了集体自卫权。

村 山 谈 话

日本首相村山富市在 1995 年 8 月 15 日第二次世界大战日本宣布无条件投降 50 周年纪念日发表的谈话。村山富市首相对日本的殖民统治和侵略，表示深刻的反省和由衷的歉意。村山富市说，在过去不太遥远的一个时期内，错误的国策使日本走上了战争道路，日本国民陷入了存亡的危机。由于进行殖民统治和侵略，给许多国家特别是东亚各国人民造成了极大的损害和痛苦。为避免将来重犯这样的错误，我毫不怀疑地面对这一历史事实，并再次表示深刻反省和由衷的歉意。村山说：“今天是战后50周年，我们应该铭记在心的是，回顾过去，从中汲取历史的教训，展望未来，不要走错人类社会通往和平与繁荣的道路。”

日本人质事件

日本人质事件是指2015年1月20日“伊斯兰国”（IS）极端组织称发布视频，威胁处决两名日本人质。IS声称，日本为参与打击IS支出2亿美元，因此要求日本在72小时内支付2亿美元赎金，否则处决后藤健二和汤川遥菜。但在72小时期限截止时，日本政府并未支付赎金。1月24日晚，极端组织“伊斯兰国”（IS）相关网站上传了一张照片，被绑架的日本人质后藤健二手持另一名人质汤川遥菜被杀害的照片出现在镜头中。后藤健二在IS发布的音频中表示，绑架他的组织不再需要赎金，只要释放关押在约旦的一名女子，便可换得自己的释放。该女子被认为是IS成员，曾参与对约旦的恐怖袭击。对于武装人员寻求释放极端人员囚犯的新要求，安倍暂时不予以置评，一方面称人质的安危“高于一切”，另一方面称日本不会向恐怖分子妥协。

专题七　中央新疆工作座谈会以来治疆的新理念新思路新举措

导语：2010 年 5 月，党中央召开第一次新疆工作座谈会，作出推进新疆跨越式发展和长治久安的重大决策，标志着新疆进入了一个新时期新阶段。2014 年 5 月，党中央召开第二次新疆工作座谈会，作出维护新疆社会稳定和长治久安的重大决策部署，提出了依法治疆、团结稳疆、长期建疆的治疆方略，标志着新疆在新时期新阶段迈上了新的征程。自治区党委统筹国际国内两个大局、谋划新疆的发展稳定，确立了“以现代文化为引领，以科技、教育为支撑，加速新型工业化、农牧业现代化、新型城镇化进程，加快改革开放，打造中国西部区域经济的增长极和向西开放的桥头堡，建设繁荣富裕和谐稳定的美好新疆”的战略选择，坚持把社会稳定和长治久安作为一切工作的着眼点和着力点，创造性地提出了一系列新理念新思路，出台了一系列促发展、惠民生、保稳定的重大举措，催生出天山南北的累累硕果和人间奇迹。

一、第一次中央新疆工作座谈会提出的新理念新思路新举措

（一）新理念

新疆是我国西北的战略屏障，是我国对外开放的重要门户，是我国战略资源的重要基地，也是我国西部地区经济增长的重要支点。中央正是从新疆特殊战略地位、战略全局把握和谋划新形势下新疆工作的，2010 年 5 月 17 日，胡锦涛同志在中央新疆工

作座谈会上明确提出“做好新形势下新疆工作必须紧紧围绕推进新疆跨越式发展和长治久安这个重大而紧迫的任务来进行”。这种两大历史任务是治疆的最新理念，不仅回答了在新世纪新阶段新疆这一具有特殊重要战略地位的地区实现什么样的发展、怎样发展等重大理论和实践问题的同时，也回答了实现什么样的稳定、怎样实现稳定等重大理论和实践问题。提出的关于维护新疆社会稳定的一系列新的重要思想观点，丰富了马克思主义稳定观的理论宝库，是中国共产党人治疆理念的新发展。

1. 始终把促进改革发展同维护社会稳定有机结合起来

发展与稳定，本身就是客观事物变化的两个方面。对于稳疆兴疆、富民固边战略目标而言，如同车之两轮、鸟之双翼，统一于执政的中国共产党在新的历史条件下治疆理念与实践之中。从发展与稳定关系看，发展是解决包括稳定在内的一切问题的关键，它作为党执政兴国的第一要务，理所当然是治疆理政即做好新疆工作的重中之重；稳定作为党执政兴国的第一责任，理所当然是治疆理政即保证新疆发展进步的基本前提。

2. 始终把加强民族团结作为实现新疆长治久安的根本之策

新世纪新阶段以来，以胡锦涛同志为总书记的党中央在继承前三代中央领导集体治疆理念的基础上，明确提出，始终把加强民族团结作为实现新疆长治久安的根本之策等一系列稳疆兴疆、富民固边战略思想和治疆理念，反映了当代中国共产党人对维护新疆社会稳定的发展规律和目标任务的认识提升到新的高度。

3. 始终把反对民族分裂作为维护新疆社会稳定的主要任务

把反对民族分裂作为维护新疆社会稳定的主要任务是由新疆地区存在的分裂和反分裂斗争的长期性、复杂性、尖锐性特点决定的。国际敌对势力从对我国实施西化、分化战略出发，把新疆作为突破口，注重利用民族分裂势力对我国进行渗透破坏。境内外“三股势力”适应国际敌对势力战略需要，竭力在新疆策划暴力恐怖活动。2009年发生的乌鲁木齐“7·5”事件就是这场斗争的集中反映。大量事实表明，民族分裂势力及其活动是新疆社会稳定的主要危险。

（二）新思路

中央治理新疆的新思路即“四个坚持”“五个始终”。坚持中国共产党领导，坚持社会主义制度，坚持民族区域自治制度，坚持各民族共同团结奋斗、共同繁荣发展，深入实施稳疆兴疆、富民固边战略，始终把推动科学发展作为解决一切问题的基础，始终把改革开放作为促进发展的强大动力，始终把保障和改善民生作为全部工作的出发点和落脚点，始终把加强民族团结作为长治久安的根本保障，始终把维护社会稳定作为发展进步的基本前提，努力推进新疆跨越式发展和长治久安。

（三）新举措

中央治理新疆的新举措：推动新形势下新疆经济社会加快发展，必须加大政策支持力度。中央决定，在新疆率先进行资源税费改革，将原油、天然气资源税由从量计征改为从价计征；对新疆困难地区符合条件的企业给予企业所得税“两免三减半”优惠；中央投资继续向新疆维吾尔自治区和兵团倾斜，“十二五”期间新疆全社会固定资产投资规模将比“十一五”期间翻一番多；鼓励各类银行机构在偏远地区设立服务网点，鼓励股份制商业银行和外资银行到新疆设立分支机构；适当增加建设用地规模和新增建设用地占用未利用地指标；适当放宽在新疆具备资源优势、在本地区和周边地区有市场需求行业的准入限制；逐步放宽天然气利用政策，增加当地利用天然气规模等。中央制定的这些政策措施，坚持把保障和改善民生作为新疆发展的首要目标，将加快经济发展同发展社会事业、解决关系人民生活的突出问题结合起来；坚持把科学发展作为解决新疆问题的根本举措，将解决短期突出困难同夯实经济长远发展基础结合起来；坚持以改革开放破解发展难题，把有效发挥政府作用与充分运用市场机制结合起来；坚持立足于增强新疆自我发展能力，把中央和各兄弟省市的支持帮助同充分发挥新疆自身的比较优势、后发优势结合起来。

二、第二次中央新疆工作座谈会提出的新观点、新举措

第二次中央新疆工作座谈会于2014年5月28日至29日在北京举行。中共中央总书记、国家主席、中央军委主席习近平在会上发表重要讲话强调，以邓小平理论、“三个代表”重要思想、科学发展观为指导，坚决贯彻党中央关于新疆工作的大政方针，围绕社会稳定和长治久安这个总目标，以推进新疆治理体系和治理能力现代化为引领，以经济发展和民生改善为基础，以促进民族团结、遏制宗教极端思想蔓延等为重点，坚持依法治疆、团结稳疆、长期建疆，努力建设团结和谐、繁荣富裕、文明进步、安居乐业的社会主义新疆。这次会议全面总结了2010年中央新疆工作座谈会以来的工作，科学分析了新疆形势，明确了新疆工作的指导思想、基本要求、主攻方向，对当前和今后一个时期新疆工作作了全面部署。

（一）新观点

①“做好新疆工作是全党全国的大事，必须从战略全局高度，谋长远之策，行固本之举，建久安之势，成长治之业。”党中央历来高度重视新疆工作，作出一系列重大决

策部署，推动新疆改革发展、民族团结、社会进步、民生改善、边防巩固取得了历史性成就。实践证明，我们党的治疆方略是正确的，必须长期坚持，保持战略定力。同时，我们要结合新疆形势充实和完善党的治疆方略，坚持长期建疆，多管齐下，久久为功，扎实做好打基础利长远的工作，为社会稳定和长治久安打下坚实基础。

②“社会稳定和长治久安是新疆工作的总目标。”必须把严厉打击暴力恐怖活动作为当前斗争的重点，高举社会主义法治旗帜，大力提高群防群治预警能力，筑起铜墙铁壁、构建天罗地网。要并行推进国内国际两条战线，强化国际反恐合作。

③“新疆的问题最长远的还是民族团结问题。”民族分裂势力越是企图破坏民族团结，我们越要加强民族团结，筑牢各族人民共同维护祖国统一、维护民族团结、维护社会稳定的钢铁长城。要坚定不移坚持党的民族政策、坚持民族区域自治制度。民族团结是各族人民的生命线。要高举各民族大团结的旗帜，在各民族中牢固树立国家意识、公民意识、中华民族共同体意识，最大限度团结依靠各族群众，使每个民族、每个公民都为实现中华民族伟大复兴的中国梦贡献力量，共享祖国繁荣发展的成果。各民族要相互了解、相互尊重、相互包容、相互欣赏、相互学习、相互帮助，像石榴籽那样紧紧抱在一起。要加强民族交往交流交融，部署和开展多种形式的共建工作，推进“双语”教育，推动建立各民族相互嵌入式的社会结构和社区环境，有序扩大新疆少数民族群众到内地接受教育、就业、居住的规模，促进各族群众在共同生产生活和工作学习中加深了解、增进感情。

④“要精心做好宗教工作，积极引导宗教与社会主义社会相适应，发挥好宗教界人士和信教群众在促进经济社会发展中的积极作用。”处理宗教问题的基本原则，就是保护合法、制止非法、遏制极端、抵御渗透、打击犯罪。要依法保障信教群众正常宗教需求，尊重信教群众的习俗，稳步拓宽信教群众正确掌握宗教常识的合法渠道。要重视培养爱国宗教教职人员队伍，采取有力措施提高宗教界人士素质，确保宗教组织领导权牢牢掌握在爱国爱教人士手中。

⑤“要坚定不移推动新疆更好更快发展，同时发展要落实到改善民生上、落实到惠及当地上、落实到增进团结上，让各族群众切身感受到党的关怀和祖国大家庭的温暖。”要坚持就业第一，增强就业能力，引导各族群众有序进城就业、就地就近就业、返乡自主创业。要坚持教育优先，培养优秀人才，全面提高入学率，让适龄的孩子们学习在学校、生活在学校、成长在学校。要吸引更多优秀人才投身教育，国家的教育经费要多往新疆投。要加大扶贫资金投入力度，重点向农牧区、边境地区、特困人群倾斜，建立精准扶贫工作机制，扶到点上、扶到根上，扶贫扶到家。对南疆发展，要从国家层面进行顶层设计，实行特殊政策，打破常规，特事特办。对口援疆是国家战

略，必须长期坚持，把对口援疆工作打造成加强民族团结的工程。新疆生产建设兵团要科学处理屯垦和维稳戍边、兵团和地方的关系，在事关根本、基础、长远的问题上发力。

⑥“要在各族群众中牢固树立正确的祖国观、民族观，弘扬社会主义核心价值体系和社会主义核心价值观，增强各族群众对伟大祖国的认同、对中华民族的认同、对中华文化的认同、对中国特色社会主义道路的认同。”要加强思想政治工作，营造昂扬向上的社会氛围，引导各族群众追求现代文明生活。要为群众提供丰富多彩、喜闻乐见的文化生活，完善公共文化服务体系，加强基层场地设施建设，加强互联网建设和管理，激发各族群众热爱新疆的美好情感。

⑦“做好新疆工作，关键是要发挥党总揽全局、协调各方的领导核心作用，全面加强和改进党的建设，为新疆社会稳定和长治久安提供坚强政治保证。”要建设一支政治上强、能力上强、作风上强的高素质干部队伍。对长期在基层一线工作、把宝贵年华奉献给新疆的各族干部要给予特别关心。要大力选拔对党忠诚、关键时刻敢于发声亮剑、有较强群众工作能力和应对突发事件、驾驭复杂局面能力的干部。要把抓基层、打基础作为稳疆安疆的长远之计和固本之举，努力把基层党组织建设成为服务群众、维护稳定、反对分裂的坚强战斗堡垒，让党的旗帜在每一个基层阵地上都高高飘扬起来。要结合开展党的群众路线教育实践活动，坚决贯彻落实中央八项规定精神，抓紧解决作风方面存在的突出问题，坚持开展反腐败斗争。

（二）新举措

社会稳定和长治久安是新疆工作的总目标，是做好新疆工作的总纲。纲举目张。新疆的一切工作，都要围绕社会稳定和长治久安这个总目标来展开。

1. 必须把严厉打击暴力恐怖活动作为当前斗争的重点

高举社会主义法治旗帜，集中开展专项打击行动；大力提高群防群治预警能力，筑起铜墙铁壁、构建天罗地网；并行推进国内国际两条战线，强化国际反恐合作；严密防范和打击“三股势力”渗透破坏活动，加强和创新社会治理，巩固新疆社会稳定和长治久安的社会基础。

2. 坚定不移贯彻党的民族政策

坚持团结稳疆，在各民族中牢固树立国家意识、公民意识、中华民族共同体意识，使每个民族、每个公民都为实现中华民族伟大复兴的中国梦贡献力量，共享祖国繁荣发展的成果。各民族相互了解、相互尊重、相互包容、相互欣赏、相互学习、相互帮助，像石榴籽那样紧紧抱在一起。加强民族交往交流交融，部署和开展多种形式的共建工作，推进双语教育，推动建立各民族相互嵌入式的社会结构和社区环境，有序扩大新疆少数民族群众到内地接受教育、就业、居住的规模，促进各族群众在共同生产生活和工作学习中加深了解、增进感情。

3. 全面贯彻执行党的宗教政策，精心做好宗教工作

积极引导宗教与社会主义社会相适应，发挥好宗教界人士和信教群众在促进经济社会发展中的积极作用。坚持“保护合法、制止非法、遏制极端、抵御渗透、打击犯罪”的原则，依法保障信教群众正常宗教需求，尊重信教群众的习俗，稳步拓宽信教群众正确掌握宗教常识的合法渠道。重视培养爱国宗教教职人员队伍，采取有力措施提高宗教界人士素质，确保宗教组织领导权牢牢掌握在爱国爱教人士手中。

4. 紧贴民生推动新疆跨越式发展

要更好地使发展落实到改善民生上、落实到惠及当地上、落实到增进团结上，让各族群众切身感受到党的关怀和祖国大家庭的温暖。坚持就业第一，增强就业能力。坚持教育优先，培养优秀人才，全面提高入学率。加大国家教育经费投向新疆的力度，吸引更多优秀人才投身教育。加大扶贫资金投入力度，建立精准扶贫工作机制，重点向农牧区、边境地区、特困人群倾斜。从国家层面对南疆发展进行顶层设计，实行特殊政策，帮助南疆解决经济社会发展面临的困难和问题，支持南疆加快发展和改善民生步伐。长期坚持对口援疆这一国家战略，把对口援疆工作打造成加强民族团结的工程。加强和改进兵团工作，要科学处理屯垦和维稳戍边、兵团和地方的关系，在事关根本、基础、长远的问题上发力，把兵团建设成为安疆固边的稳定器、凝聚各族群众的大熔炉、先进生产力和先进文化的示范区，充分发挥其在维护新疆社会稳定和实现长治久安中的特殊作用。

5. 加强意识形态领域反分裂斗争，抵御民族分裂主义和宗教极端思想渗透

在各族群众中牢固树立正确的祖国观、民族观，弘扬社会主义核心价值体系和社会主义核心价值观，增强各族群众对伟大祖国的认同、对中华民族的认同、对中华文化的认同、对中国特色社会主义道路的认同。加强思想政治工作，营造昂扬向上的社会氛围，引导各族群众追求现代文明生活。完善公共文化服务体系，加强基层场地设施建设，加强互联网建设和管理，为群众提供丰富多彩、喜闻乐见的文化生活，激发各族群众热爱新疆的美好情感。

6. 全面加强和改进党的建设，为新疆社会稳定和长治久安提供坚强政治保证

做好新疆工作，关键是发挥党总揽全局、协调各方的领导核心作用。建设一支政治强、能力强、作风强的高素质干部队伍。对长期在基层一线工作、把宝贵年华奉献给新疆的各族干部要给予特别关心。大力选拔对党忠诚、关键时刻敢于发声亮剑、有

较强群众工作能力和应对突发事件、驾驭复杂局面能力的干部。把抓基层、打基础作为稳疆安疆的长远之计和固本之举，努力把基层党组织建设成为服务群众、维护稳定、反对分裂的坚强战斗堡垒，让党的旗帜在每一个基层阵地上都高高飘扬起来。结合开展党的群众路线教育实践活动，坚决贯彻落实中央八项规定精神，抓紧解决作风方面存在的突出问题，坚持开展反腐败斗争，以良好的作风保障各项工作部署的贯彻落实。

三、新疆贯彻中央新疆工作座谈会精神的重要举措

为全面贯彻落实中央新疆工作座谈会精神，自治区确立了“以现代文化为引领，以科技教育为支撑，加速新型工业化、农牧业现代化、新型城镇化进程，加快改革开放，打造中国西部区域经济的增长级和向西开放的桥头堡，建设繁荣富裕和谐稳定的美好新疆”的具体战略选择，规划了新疆发展的宏伟奋斗目标。四年来，为推动中央和自治区确定的各项目标任务的落实，自治区党委在实践中创造性地提出了一系列新理念、新举措。

1. 改革发展方面

提出了科学跨越、后发赶超；变化变革、敢于担当、务求实效；新疆的跨越式发展是高起点、高水平、高效益的发展，是加速发展方式转变、不断调整结构的发展，是惠及民生、改善民生的发展，是廉洁高效、开放和谐的发展，是始终在科学发展道路上前进的发展；坚持环保优先、生态立区，走资源开发可持续、生态环境可持续的道路；坚持“五化”同步，构建具有新疆特色的现代产业体系；坚持“稳中求进、进中求变”的总基调；强调重视顶层设计、坚持规划先行；谋篇布局、研究问题，要谋大谋深谋远；实施创新驱动战略；坚持把新型工业化作为第一推动力；坚持“外引内联、东联西出、西来东去”的开放战略，全方位扩大对外开放；提出“五通”布局：政策沟通、道路连通、贸易畅通、货币流通、民心相通；建设“五个中心”：努力将新疆建设成丝绸之路经济带上重要的交通枢纽中心、商贸物流中心、金融中心、文化科技中心、医疗服务中心等。

2. 民生建设方面

提出了坚持以人为本、普惠为本；牢固树立“民生优先、群众第一、基层重要”的理念；开展民生建设年活动，确保让人民群众在改革发展中得到实惠、走向富裕、走向现代文明；创造条件让新疆各族人民过上现代文明生活，这是我们共产党人的责任、境界和追求等。

3. 社会稳定方面

提出牢固树立稳定压倒一切的思想，强化“底线思维”，从最坏处着眼，做最坏的打算，朝最好的方向努力，做到有备无患，努力把握对敌斗争的主动权；打好“四个基础”：稳定基层的组织基础、坚实的群众基础、高效的技防基础、灵敏的网格责任基础；村级组织、住村工作组、村警务室“三位一体”；社会稳定是各族人民的利益所在，是最大的民生；坚持发展和稳定是各族人民的利益所在，是最大的民生；坚持发展和稳定两手抓两手都要硬，坚持反暴力、讲法治、讲秩序；依法治区以德治区相结合；宗教极端思想已经成为影响新疆稳定的重大现实威胁；民族团结是新疆各族人民的生命线；要以“去极端化”为目标，标本兼治、综合施策，将宗教极端主义从正常宗教中剥离出来，坚决予以遏制和打击；各族人民要相互尊重、相互学习、相互理解、相互信任等。

4. 文化建设方面

提出以现代文化为引领，尊重差异、包容多样、相互欣赏，大力发展一体多元、融合开放、具有新疆特色的现代文化；提出“到人、管用、有效”，力求让文化惠民的阳光照进每一个家庭，将现代文化元素传递到每一个角落，彻底粉碎境内外“三股势力”反动宣传和渗透破坏活动等。

5. 党的建设方面

提出要始终把政治上强作为选拔使用各级领导干部特别是“一把手”的首要标准；要重视基层、加强基层、服务基层，努力形成劲往基层使、人往基层走、钱往基层用的氛围和机制；坚持不让老实人吃亏、不让综合素质高能干事的人吃亏、不让长期在一线埋头苦干的人吃亏的用人导向。在实践中，大力倡导“只有努力才能改变、只有努力就能改变”的理念，牢固树立“我能行”的主体意识，大力弘扬“爱国爱疆、团结奉献、勤劳互助、开放进取”的新疆精神。

【网站链接】

http://news.xinhuanet.com/politics/2014-05/30/c_126567931.htm　第二次中央新疆工作座谈会要点解读

http://news.youth.cn/jsxw/201405/t20140531_5290599.htm　中央新疆工作座谈会要点：发展要落实到改善民生上

http://xj.people.com.cn/n/2014/0827/c188514-22118107.html　第二次中央新疆工作座谈会以来全国援疆工作综述

http://politics.people.com.cn/n/2014/0504/c1024-24968469.html　把祖国的新疆建设得越来越美好——习近平总书记新疆考察纪实

【思考题】

1. 第二次新疆工作座谈会以来，中央提出了哪些治疆的新理念、新思路、新举措？

2. 如何认识新疆贯彻中央新疆工作座谈会以来治疆的新理念、新思路、新举措？

拓展阅读材料

实现长治久安　建设美好新疆

——党的十八大以来党中央稳疆兴疆重大决策部署纪实

有一份深沉的情怀，萦系着天山南北2200万各族群众。有一种历史的担当，引领着新疆走向更加美好的未来。党的十八大以来，党中央始终高度重视新疆工作，强调新疆工作在党和国家工作全局中具有特殊重要的战略地位。一年多来，习近平总书记对新疆工作先后作出30多次指示和批示，提出了新疆发展的新定位，对工作作出了新部署。

稳定，新疆繁荣发展的生命线——当前，民族分裂、宗教极端、暴力恐怖“三股势力”严重破坏了新疆来之不易的安定团结大好局面，严重威胁着新疆各族群众的生命财产安全，严重阻碍了新疆实现跨越式发展的历史进程。党的十八大以来，党中央高度重视维护新疆社会稳定，沉着应对、果敢出击，提出了以社会稳定和长治久安为工作的着眼点和着力点，统筹推进各方面工作，为抓住和用好历史机遇、实现新疆跨越式发展创造良好条件的重大战略思想。

这是党中央作出的重要指示：“坚决把暴力恐怖分子的嚣张气焰打下去，以震慑敌人、鼓舞人民”；“反恐怖斗争事关国家安全，事关人民群众切身利益，事关改革发展稳定全局，是一场维护祖国统一、社会安定、人民幸福的斗争”；“要深入开展各种形式的群防群治活动，着力打好反恐怖人民战争，筑起铜墙铁壁，使暴力恐怖分子成为‘过街老鼠、人人喊打’，通过打击极少数教育团结大多数”。这是党中央作出的具体部署：近日，经中央批准、国家反恐怖工作领导小组决定，以新疆为主战场，其他省区市积极配合，开展为期一年的严厉打击暴力恐怖活动专项行动，有效应对当前严峻复杂的反恐怖斗争形势，全力维护社会大局稳定、确保国家长治久安。

稳定是推动发展的基本前提，发展是维护稳定的物质基础。新疆经济社会发展始终牵动着中南海的心——新疆，地处古丝绸之路的核心地带。2013年9月，习近平总书记在出访中亚四国时提出建设丝绸之路经济带的战略构想。扩大新疆同中亚国家经贸合作已然提上议事日程。

“要抓住这个历史机遇，把自身的区域性对外开放战略融入国家丝绸之路经济带建设、向西开放的总体布局中去。”今年4月，习近平总书记在新疆考察工作时提出了明确要求。建设丝绸之路经济带，新疆既是桥头堡，又是核心地带。总书记描绘的美好蓝图令新疆广大干部群众倍感振奋。从强调处理好发展和稳定的关系，到提出以就业为重点加快改善民生；从资源开发要更多惠及当地，到发展要更加重视生态环境保护；从加大对口援疆力度、扩大新疆对外开放，到采取特殊措施支持南疆加快发展……（来源：霍小光、隋笑飞、曹志恒，新华网，2014 年 5 月 17 日）

人民日报评论员：不断增强各族人民文化认同

——五论学习贯彻习近平总书记新疆工作座谈会重要讲话精神

人心定，长治久安；人心乱，祸起萧墙。在新疆工作中，思想文化工作是一项基础性、战略性工作。“要在各族群众中牢固树立正确的祖国观、民族观，弘扬社会主义核心价值体系和社会主义核心价值观，增强各族群众对伟大祖国的认同、对中华民族的认同、对中华文化的认同、对中国特色社会主义道路的认同。”习近平总书记在新疆工作座谈会上提出的明确要求，指明了国家统一之基、民族团结之本、社会稳定之根，是做好新疆工作必须坚持的原则。

新疆民族、宗教问题具有很强的政治性和文化性，要处理好，没有正确的价值观引领是不行的。“口袋里要鼓囊囊，精神上要亮堂堂”，正是在这样的村训指导下，新疆尉犁县达西村富裕、和谐，成了全国民族团结进步模范集体。这说明，要把民族关系发展好、把经济社会建设好，就要有共同的思想认识基础。在各族群众中牢固树立正确的祖国观、民族观，大力培育和践行社会主义核心价值观，才有稳定和谐的社会环境、凝心聚力的发展氛围。

“善政不如善教之得民也。善政，民畏之；善教，民爱之。”要不断增强“四个认同”，就要加强思想政治工作，营造昂扬向上的社会氛围，引导各族群众追求现代文明生活。中国是各民族共同的祖国，国家好各族人民才能好，这样的共同利益，是克服狭隘民族主义、反对民族分裂活动的基础。开展反分裂斗争，既要重视“外科手术”式的随时清理，更要注重干部群众“免疫能力”的持续增强。这些年来，全国各地的大力支持，新疆各族人民的共同奋斗，带来了天山南北令人瞩目的发展，新疆的经济增长速度、民生改善指数，连续多年高于全国平均数。好日子源于党的好政策，离不开祖国的支撑，要善于用这些实实在在的变化引导群众，激发人们爱国爱疆的情感认同。只有上接天线、下接地气，用听得懂、看得见、记得住的方式进行宣传教育，把道理讲通、讲透、讲深，才能抵御民族分裂主义和宗教极端思想渗透，引导群众、凝聚人心。

新疆多元文化荟萃、多种文化并存，有着丰富的文化资源。充分发挥文化潜移默化、凝聚社会的黏合剂作用，这也是从战略高度审视和谋划新疆工作的必然要求，其作用绝不亚于发展经济。我们需要思考，如何进一步弘扬少数民族文化优秀传统，增强各族群众自信心和自豪感？怎样提供更加丰富多彩、喜闻乐见的文化生活，激发各族群众热爱新疆的美好感情？如何切实践行社会主义核心价值、扶正祛邪，既让“及时春雨润万物”，也要“萧瑟秋风扫落叶”？丰富新疆各族群众精神生活，充实新疆各族群众精神世界，是当务之急，更是百年大计，必须抓紧、抓实、抓好。扫除民族分裂主义的阴影，驱散宗教极端思想的雾霾，确立正确的国家观民族观，增强各族人民的文化认同，大美新疆才会因和谐而更美丽，幸福新疆才会因稳定而更幸福。（来源：新华网，2014年6月5日）

小知识

新疆现况

新疆维吾尔自治区面积166万平方公里，人口2181.33万，有55个民族成分，少数民族人口约占60%。2010年中央新疆工作座谈会以来，新疆经济快速发展，财政收入翻番，经济总量增长一倍，城乡居民收入大幅提高。新疆地区生产总值到2014年达到9273.46亿元，扣除价格因素，比1955年增长115.6倍，年均增长8.3%，比同期全国增速快0.2个百分点。2010—2014年，新疆地区生产总值年均增速11.1%，高于全国同期增速2.5个百分点，增速在全国的位次由2009年的第30位跃升至2014年的第4位，创历史最高水平。新疆人均生产总值由1955年的241元提高到2014年的40648元，扣除价格因素，比1955年增长23.8倍，年均增长5.6%。1955年新疆财政收入只有1.7亿元，2014年达到1282.6亿元。2010—2014年，新疆财政收入合计实现4540.8亿元。新疆财政支出1955年只有1.8亿元，2014年达到3317.8亿元。2010—2014年，财政支出合计实现13088.4亿元。

专题八　遏制极端　抵御渗透
维护稳定——新疆去极端化在路上

导语：改革开放以来，特别是中央新疆工作座谈会以来，新疆经济社会快速发展、基础设施建设快速推进、民生改善取得历史性进步，基层建设发生深刻变化。但与此同时，受国际国内诸多因素影响，极端宗教思想的渗透也在不断蔓延。在极端宗教思想的蛊惑下，暴力恐怖活动开始呈上升趋势，并由新疆向内地扩散。这些暴力恐怖案件的背后，都隐藏着非法宗教活动和宗教极端思想的影子。“宗教极端主义”的本质是反宗教的，为“民族分裂势力”和“暴力恐怖主义”提供着“行动纲领”“思想理论指导”和“精神寄托”。民族分裂分子和暴力恐怖分子所宣扬的“宗教极端主义”是完全与宗教教义背道而驰的，并且已经发展成为影响新疆社会安全与和谐稳定的最大威胁因素。

贯彻落实好党的宗教政策、依法管理宗教事务、创新社会治理，必须坚持正本清源，依法铲除“宗教极端主义”滋生的土壤和温床，严惩披着宗教外衣进行分裂破坏活动的犯罪行为，强化宗教事务治理的法治建设。宗教极端主义是当代世界政治生活中的一个毒瘤，它利用各种宗教形式，宣扬宗教极端主义、宗教狂热思想及实施暴力恐怖活动，破坏社会稳定，企图达到其罪恶目的。宗教极端主义的本质是反社会、反人类、反科学、反文明，因此宗教极端主义是人类社会一股邪恶的反动势力，是全世界和平与发展的共同敌人。尤其在新疆，这个多民族聚居、多宗教并存的地方，我们面临着复杂、艰巨的反分裂斗争和去极端化任务。

近年来，“三股势力”为了达到他们分裂祖国的罪恶目的，大肆篡改宗教教义，编造异端邪说，通过各种方式进行宗教极端思想渗透，对信教群众进行全方位的腐蚀、煽动和蛊惑。宗教极端势力打着宗教旗号，在思想上极端化、行为上狂热化，它已不再是宗教本身，而是宗教蜕变的异化现象。从近年所发生的多起暴力恐怖案件看，暴恐分子杀害无辜群众，制造社会恐怖和民族分裂，破坏新疆社会稳定、经济发展、民族团结，宗教极端势力已成为新疆社会稳定最现实、直接的严重危害。第二次中央新疆工作座谈会指出，以促进民族团结、遏制宗教极端思想蔓延等为重点，坚持依法治疆、团结稳疆、长期建疆，努力建设团结和谐、繁荣富裕、文明进步、安居乐业的社会主义新疆。

一、认清宗教极端主义

研究当代国际政治问题或当代宗教问题过程中，很自然地会遇到“极端主义”问题。一般地说，“极端主义”是人们经常使用、极其熟悉而又没有给明确界定或说明的概念。很多人把它作为定语，借以说明或用来形容某种思想主张或行为活动的极端性，进而说它是极端主义的。

（一）什么是“极端主义”

关于“极端”的概念，根据《现代汉语词典》，它的解释是：“食物顺着某个发展方向达到的顶点，或‘达到极点的’状态，则出现‘极端’的现象。”《古兰经》说：“你们不要过分，因为真主必定不喜欢过分者。”一般阿拉伯学者往往根据这段经文，主张“极端”的意思是过分，进而从社会学视角解释“极端”的含义是“违背一般的传统观念和道德准则”，从政治学的视角解释“极端”的含义是“违背现行法律”。“极端主义”是个符合概念。通常说的“主义”，往往是指“对客观世界、社会生活以及学术问题等所持的系统的理论和主张”，或“思想作风”或一定的社会制度。显然，“极端”与“极端主义”的区别在于达到极点的思想观念是否形成系统的理论或主张要求；而理论观点或主张要求它进而一旦出现后，如果它进而顽强地表现自身，这就必然导致一定的行为活动。这种行为活动可能是个人的，也可能是群体的或社团的，就会出现人们常说的极端主义。应该看到，以上的论述完全是从政治视角观察“极端主义”的。

（二）什么是“宗教极端主义”

在当代社会生活中，宗教极端主义的兴起，是人们普遍关注的一件大事。一般说来，宗教极端主义是宗教与极端主义的复合词，是冠以“宗教”之名的“极端主义”。作为观念形态的宗教极端主义，必定显现为极端的社会政治性行为。宗教极端主义是宗教蜕变的产物。因而它不是人们信仰的宗教，但它又与所冠其名的宗教有一定的关联。这是宗教极端主义的首要特征。事物在发展中，会发生量变和质变。宗教的量变和质变是由它的信仰者使之发生变化的。那些在信仰上极其盲信盲从以至偏激狂热的人，在思想观念、行为活动不断向极端方面发展，最终发生质的变化时，他们信仰的也就不再是原先的宗教，而是背离信仰主流的、极端的思想观念，从事的不再是人们熟悉的宗教礼仪，而是非宗教的社会政治活动。这种非宗教的思想观念以及与之相应的行为活动，即宗教蜕变的产物——宗教极端主义。应该指出，宗教蜕变、宗教发生由量变到质变，并不是整个宗教都随之发生性质的变化，只是在那些具有某种企图（如政治企图）的人（人群）那里才发生它的蜕变。就宗教蜕变而形成宗教极端主义来说，它不是宗教，又与宗教有一定关系。宗教极端主义在信仰同一宗教的、特定的人群中从事活动，这是它的又一特征。宗教极端主义不仅需要、利用，而且无法离开宗教名义，因为没有什么其他名义比宗教名义更能蒙骗、诱惑同一宗教的信仰者了。这是它不同于一般的极端主义之处。目前，在新疆，宗教极端主义的突出表现，就是疆独分子制造的暴恐事件（爆炸、杀人、伤害他人），但根源在于宗教极端思想，都是宗教极端主义制造的恶果。要从根本上制止暴恐，必须从思想根源上清理和铲除宗教极端主义。

（三）严格区分宗教与宗教极端主义

严格区分宗教与宗教极端主义，是研究和观察现实问题应予强调和重视的。无论是宗教极端组织，还是邪教组织，它们的目的动机、思想主张、组织形式、行为观念、活动手法、处世态度，完全改变了宗教的本质属性，暴露出它们已经脱离了宗教的范畴，不再是通常意义上所说的宗教；作为非宗教的罪恶团伙，它们具有赤裸裸的政治性，甚至就是政治性社团。它采取的宗教名义，以类似宗教而又并非宗教的形式活动，纯粹是迷惑、蒙骗它的追随者、信奉者的。它之所以需要宗教名义、利用宗教名义，完全是因为没有什么其他名义比宗教名义更能诱惑、蒙骗同一宗教的信众了。特别是它们的种种罪恶活动，完全不同于一般的宗教活动，因而与宗教有着本质的区别，也就极其明显。大致说来，至少有如下的区别：

其一，宗教通常具有所在国家或社会公开、合法的地位，是某些信众公开、合法的信仰，其宗教活动相应地受到尊重和保护；而宗教极端主义不再是所在国家或社会的合法信仰，它处于隐蔽、诡秘状态，仅为其阴谋团伙的成员所追随和信奉，它所从事的只能是阴谋而又秘密的罪恶活动，也就不可避免地受到所在当局的反对或打击。这是说，宗教极端主义的非宗教性则是它与宗教的首要的区别。

其二，宗教对待其经籍教义，通常沿袭、延续其传统的说教，公之于信众；而宗教极端主义表面上仍沿袭它所从出的宗教的经籍教义，为适应其政治、私利、野心、阴谋的需要，对其经籍教义予以随意曲解、窜改、引申，服务其罪恶目的。更有甚者，宗教极端主义追随的不是什么经籍教义，而是它的头目的宣教布道或命令；遵奉、信仰的不是什么所出宗教的神明，而是罪恶团伙的头目。这是说，宗教极端主义以其私货蒙骗其追随者、信奉者，显示其欺骗性而与宗教相区别。

其三，宗教通常主张中庸、中道、宽容、虔信，从而在处世方面并不偏激、狂热；而宗教极端主义基于信仰极端性、行为狂热性，因而时时、处处、事事显现其偏激性、猖獗性、疯狂性，这就不可避免地导致它对所在国家或社会持以对抗、敌视的态度，以暴力、恐怖等罪恶手段显示其存在；不论是杀人放火还是自杀自残，则成为宗教极端主义的遵奉之道。尽管宗教极端主义在所处社会居于少数或极少数地位，但它仍有一定数量的追随者、信奉者。这表明：宗教极端主义以其说教性而与宗教相区别。

二、宗教极端主义在新疆的传播及危害

新疆历来就是多民族聚居、多宗教广泛传播的地区。民族和宗教是影响新疆社会稳定的两个重要因素。近年来，新疆地区也受到各种形式的宗教极端主义的渗透和影响。宗教极端主义在新疆的传播主要受到与之比邻的中亚地区宗教活动的影响，并随着历史环境的变化而呈现不同的特点，它的蔓延对新疆的民族关系和社会稳定造成了严重的危害。

1. 宗教极端主义势力与民族分裂势力和暴力恐怖势力相勾结，从事煽动破坏活动，危害社会政治稳定

新疆地区的宗教极端势力本质上是打着宗教旗号，采取各种极端手段，进行反对社会主义、反对共产党的领导、企图推翻现政权的反动政治势力，他们鼓吹“信仰安拉独一，不能相信共产党”，鼓动群众反对所谓“异教徒”，挑起民族矛盾，煽动开展“圣战”，妄图推翻现政权，建立政教合一的国家。宗教极端势力往往与民族分裂力相互勾结，他们鼓吹“信仰安拉独一，不能相信共产党”，鼓动群众反对所谓“异教徒”，挑起民族矛盾，煽动开展“圣战”，妄图推翻现政权，建立政教合一的国家。宗教极端势力往往和民族分裂势力相互勾结，通过大办地下经文班、习武点，培植骨干和暴力恐怖分子。在新疆，伊斯兰教发展传播过程中，一些宗教教义教规逐渐融入到信教民众的衣食住行、文化节庆、婚丧嫁娶等日常生活与风俗习惯中，如起名、割礼、领结婚证后念

“尼卡”证婚、给亡人站礼、过乃孜尔等。而宗教极端思想往往从细微处开始渗透，借用宗教名义，把宗教极端思想宣扬的理念与风俗习惯伪装混杂一起，比如鼓吹拒领政府证件，念“尼卡”就可以结婚，念三个“塔拉克”就可以离婚；穆斯林男人要留大胡须，妇女要穿蒙面罩袍等，并称此为宗教义务。具有朴素宗教情感对宗教教义教规不了解的信教民众难以区分。“当政府治理非法行为时，他就造谣说政府干涉民族风俗习惯，新疆没有宗教信仰自由，甚至与民族问题扯在一起”，“怎样把宗教极端思想从正常宗教中剥离开来，既保护合法宗教活动，又能有效打击宗教极端势力，有一定难度”。

2. 宗教极端主义势力宣扬宗教极端思想、危害社会正常秩序的活动不利于新疆的经济发展

国家的“一带一路”战略对于新疆的发展是一个有利的契机。保持稳定的社会政治环境是实现新疆各民族发展的根本保障。伊斯兰原教旨主义者以“宗教兴则民族兴”为口号煽动宗教狂热，破坏民族团结，给民族地区的经济发展造成了极大的阻碍。他们打着复兴伊斯兰教的旗号，宣扬“返回到伊斯兰中去、返回到《古兰经》中去”。少数顽固分子以不合伊斯兰教法为名，干预司法、婚姻、教育，违反计划生育政策，不交纳国家法定税等。这些思想和行为不仅破坏了正常的社会生产秩序，而且阻碍了经济的发展。

3. 宗教极端主义的泛滥影响团结和睦的民族关系

新疆地区的原教旨主义同泛伊斯兰主义密不可分。其主张是宣扬超越国家、超越民族的伊斯兰信仰。他们在“穆斯林皆兄弟”的口号下，企图将新疆信仰伊斯兰教的各民族统一到宗教的旗帜下，形成一股力量。他们混淆视听，在“振兴伊斯兰”的口号下，把维吾尔等民族与伊斯兰宗教混为一谈，以宗教来区分民族，利用少数民族群众朴素的民族、宗教感情，煽动制造事端，制造民族矛盾。

4. 宗教极端主义的活动还破坏了新疆地区正常的宗教活动

新疆地区有多种宗教，以伊斯兰教为主。新疆宗教具有信教人数多、活动场所多和宗教教职人员多的特点。因此，团结广大宗教界爱国人士和信教群众是保持新疆政治稳定的重要条件。然而由于新疆所处的地理位置和历史上的原因，其宗教易受外部环境的影响。加上新疆宗教与政治关系密切，许多敌对分子借机利用宗教进行各种危害国家的活动就成为必然。宗教极端势力不仅与民族分裂势力相勾结，破坏民族团结和社会稳定，同时还采取各种手段散布极端思想，煽动宗教狂热，甚至暗杀爱国宗教界领袖，妄图夺取宗教领导权。

三、防范和打击宗教极端主义的主要对策

目前，我国正处于社会发展重要战略机遇期，发展是党和国家的头等大事，在推进

改革、全面建成小康社会的过程中，迫切需要一个长期稳定的社会环境。因此，如何解决好边疆的稳定和国家的统一问题，为经济建设和社会发展营造一个安定团结的社会环境，是至关重要的大事。当前，新疆各民族要高举大团结的旗帜，在各民族中牢固树立国家意识、公民意识、中华民族共同体意识，最大限度团结依靠各族群众，使每个民族、每个公民都为实现中华民族伟大复兴的中国梦贡献力量，共享祖国繁荣发展的成果。同时，各民族要相互了解、相互尊重、相互包容、相互欣赏、相互学习、相互帮助，像石榴籽那样紧紧抱在一起。处理好民族、宗教问题，维护民族地区广大群众的切身利益，对于维护社会稳定、法律尊严、民族团结和祖国统一，都具有十分重要的意义。

（一）以中国特色社会主义文化为引领

国特色社会主义文化是区别于以往任何形态的全新文化，具有包括宗教极端思想在内的其他任何文化形态所无法比拟的优势。具有鲜明科学性、开放性、人民性的中国特色社会主义文化，无疑具有强大的生命力，无疑是遏制非理性、排他性、迷惑性的宗教极端主义的强大武器。我们一定要增强文化自信和文化自觉，拿起这一强大武器，以摧古拉朽之势，将宗教极端思想扫入历史的垃圾堆。

1. 在建设现代文化战略中谋划“去极端化”

思想文化领域是一个没有硝烟的战场，当今时代，文化“软实力”的阵地争夺战更为激烈。宗教极端思想的矛头直指“四个认同”，它千方百计地与党和政府争夺群众，削弱党和国家的凝聚力与向心力。因此，必须增强阵地意识，增强责任感和紧迫感，自觉地把“去极端化”纳入到现代文化战略中进行谋划。要将现代文化建设与“去极端化”有机结合起来，采取有针对性的措施，增强遏制宗教极端主义的效果。要在丝绸之路文化建设工程中增强“四个认同”意识。作为丝路文化最辉煌的区域之一，新疆所保留下来的古代文化底蕴深厚，数量众多，涵盖民族广泛，堪称世界之最。古丝绸之路的开通，使新疆文化呈现多元、开放、融合、包容等特点。也正因如此，在漫长的历史发展过程中，新疆文化所彰显的独特魅力，给社会的发展带来了深远的影响。如今，将新疆建成丝绸之路地区文化科技中心的目标，使新疆迎来了为古老的丝绸之路文化谱写新篇章的历史机遇。新疆的维吾尔、哈萨克、柯尔克孜等民族，与中亚诸多民族文化相通、相近，应充分利用这一资源优势，用更宽广的视野和更博大的胸怀，高起点、大手笔地谋划“尊重差异、包容多样、相互欣赏、一体多元、融合开放”的新疆现代文化工程。

2. 在文化转型中培植现代价值观念

在当前新型工业化和城镇化进程中，必须大力促进少数民族传统文化的转型。要

“以现代文化为引领”，充分发挥现代文化的先导作用，把先进的文化理念传播到各族群众中去，推动新疆传统文化向现代文化转型，打造爱国团结、开放融合、感恩向上、进步创新的现代文化，让社会主义先进文化成为支撑新疆发展稳定的精神支柱，成为新疆各族人民团结奋斗的思想基础。建设新疆现代文化，需要在加快经济社会发展、推动城镇化建设中大力培养少数民族产业工人队伍，让他们有机会进入并深度参与到工业化的生产过程中，使他们由“农业人”变为“工业人”，树立起现代价值观念、效率观念、纪律观念。需要在进一步扩大对外开放中，使少数民族成员进入更多地区和行业，培养其开放、包容、开拓、创新意识。需要大力发展教育事业，普及现代科学文化知识，提高全民素质。需要源源不断地创作出丰富多彩的现代文化产品，以满足群众精神文化需求。需要在农村营造科学的、民族的、大众的、具有创新和进取精神的文化气氛，带动农民转变思想。

（二）依法加强对宗教事务的管理

十八届四中全会作出全面推进依法治国决定后，新疆维吾尔自治区党委、政府在依法治疆上更是推出了不少实质性举措。四中全会召开一个月后，自治区党委八届八次全委（扩大）会议便审议通过了《中共新疆维吾尔自治区委员会关于全面推进依法治疆建设法治新疆的意见》，指出，“新疆区情复杂特殊，依法治疆具有特殊重要的意义。要结合新疆实际，把依法治疆作为治疆基本方略，走符合新疆区情特点的法治建设道路”。

2014 年年底，新疆维吾尔自治区人大全票通过新修订的《新疆维吾尔自治区宗教事务条例》，该条例首次针对宗教极端思想的渗透增设具体条款。在这方面我们可以借鉴国外的一些做法。如比利时政府规定，欲登记注册的宗教团体必须遵守国家法律并尊重公共秩序。丹麦《宗教自由法》规定，宗教组织不得从事与宗教无关的事务。奥地利《关于宗教信仰团体的法人地位的联邦法律》规定，宗教团体必须对社会和政府持积极的基本态度。俄罗斯《良心自由和宗教协会》联邦法规定，宗教组织若有扰乱社会安定和社会秩序、危及国家安全，强制改变宪法制度和破坏联邦完整，成立武装部队，宣传战争，挑起社会的、种族的、民族的或宗教的纠纷等活动将被取缔。新加坡《维持宗教和睦法》规定，任何组织如挑起政治事端，或进行颠覆活动，或在宣传和实践宗教信仰的外衣下煽动对总统或政府的不满都将被取缔。乌兹别克斯坦刑法明确将组织极端教派、用互联网传播宗教思想、散发极端宗教传单等活动列为危害国家安全、妨碍公民信仰自由罪。在新疆，各种非法宗教活动已经影响到正常宗教活动的开展和社会的正常生活秩序，成为宗教极端主义势力滋生的温床。因此，依法加强对宗教事务的管理，是制止非法宗教活动、打击宗教极端势力的关键。2015 年，喀什地区喀什市、疏附县则在基层治理上试点《村规民约》《市民公约》，内容涵盖去极端化、综治维稳、计划生育、邻里纠纷等诸多事项。“老百姓虽说知法，但总觉得法律和他没关系。通过村规民约和市民公约，与基层组织建设结合，让老百姓在享受改革成果的同时，也懂得尽义务”，此举对基层治理者同样有效，一是增强依法管理意识，二是如何把民众凝聚起来。

（三）疏堵结合，满足群众正常的宗教生活需要，挤压宗教极端主义宣传的空间

在“去极端化”工作中，新疆始终注意严格把握政策，分清正常宗教活动、非法宗教活动、宗教极端活动的界限，在坚决堵住宗教极端思想传播的同时，尊重和保护正常、合法的宗教活动，满足群众正常宗教信仰的需要，用正信、正念、正行压缩宗教极端思想传播的空间。新疆伊斯兰教协会出版了《古兰经》，满足了基层清真寺和信教群众的需要。根据信教群众的需求，新疆伊斯兰教协会编写了《伊斯兰教基础知识》等普及性的宗教读物，还与中国伊斯兰教协会合作出版了伊斯兰教的三本工具书。

（四）以“双五好”作为抓手，创造宗教和谐局面

对宗教活动场所、宗教人士的管理是宗教事务管理的核心内容，也是“去极端化”的关键。自 1993 年以来，新疆宗教界广泛深入开展“五好”宗教活动场所（独立自办好、遵纪守法好、民主管理好、团结和谐好、安全环境好）、“五好”宗教人士（爱国爱教好、遵纪守法好、团结和谐好、勤劳致富好、教风教养好）创建表彰活动，对于调动广大宗教界人士加强宗教活动场所自我管理、带领广大信教群众投身经济建设的积极性，增强宗教界维护民族团结、社会稳定的自觉性，起到了积极的作用。2014 年，根据新的形势和任务，自治区政府赋予这项活动新的内容，制定了新的创建标准，推动宗教和谐建设。第一季度，围绕“双五好”创建，安排部署了各地宗教界的规范解经讲经、教风建设、公益慈善等工作。同时，已经连续举办了两期培训班，对宗教活动场所民管会组织负责人进行政策法规培训，提高宗教活动场所民管会组织自我管理、自我提升的能力。自治区政府确定，要把“双五好”创建活动作为宗教工作的抓手，通过活动的深入开展，创造宗教和谐局面。

2015 年 1 月，自治区党委书记张春贤在自治区党委稳定工作会议上强调，要在“去极端化”上主动进攻，坚决占领意识形态阵地。在这场全民反恐的战役中，严峻的事实告诉我们，没有一个是旁观者，宗教极端主义已成为危害新疆跨越式发展和长治久安的一股祸水和寄生在宗教上的一颗毒瘤，我们与宗教极端主义的斗争是不容否认、不容回避的。因此，我们只有团结一致，才能在这场维护新疆和谐稳定的战役中取得

最终胜利，让那些企图分裂我国的暴力恐怖分子犹如过街老鼠人人喊打！

【思考题】

1. 如何正确厘清宗教与宗教极端主义？

2. 如何认识现代文化战略是“去极端化”的治本之策

【相关图片】

专题九　新疆网络安全与信息化建设

导语：2014年2月27日，习近平总书记在中央网络安全和信息化领导小组第一次会议上指出，网络安全和信息化是事关国家安全和国家发展、事关广大人民群众工作生活的重大战略问题，要从国际国内大势出发，总体布局，统筹各方，创新发展，努力把我国建设成为网络强国。在新疆，网络安全对国家安全的影响更加直接、更加深刻。新疆工作的总目标是社会稳定和长治久安，做好网络安全工作直接关系到社会稳定和长治久安总目标的实现。因此，新疆网络安全和信息化工作的首要和核心是全力维护好网络安全工作，主要是突出加强意识形态安全、渠道安全、关防安全和技术安全，而维护好新疆网络安全工作的主要任务就是打赢网上反恐维稳战争，建成网络安全的防火墙。

从中央网络安全和信息化领导小组的成立，到国际电联专门推出全球网络安全指数新概念；从美国政府“严密审查”联想收购IBM的低端x86服务器部门，到微软Windows XP“退役”引发中国两亿用户的安全顾虑，网络安全和信息化最近成为社会关注的热点。中共中央总书记、中央网络安全和信息化领导小组组长习近平提出了“没有网络安全就没有国家安全，没有信息化就没有现代化”，“努力把我国建设成为网络强国”等重要论断，把对网络安全和信息化重要性的认识提到了一个新的高度，为下一步推进网络信息安全和信息化建设指明了方向。党的十八届五中全会通过的《中共中央关于制定国民经济和社会发展第十三个五年规划的建议》(以下简称《建议》),对网络安全做出了新的规划,从战略高度明确了指导思想、目标要求、重大举措等,对于做好当前和今后一个时期的工作有很强的针对性和指导意义。

一、网络安全和信息化建设的重要性

“没有网络安全就没有国家安全”,在中央网络安全和信息化领导小组第一次会议上,中共中央总书记、中央网络安全和信息化领导小组组长习近平提出了这一重要论断,这表明网络安全对于我国国家安全的意义已经被提到前所未有的高度,中央网络安全和信息化领导小组也将作为中央层面设立的一个更强有力、更有权威性的机构,高规格、大力度、立足长远统筹指导中国迈向网络强国。当今世界,信息技术革命日新月异,对国际政治、经济、文化、社会、军事等领域发展产生了深刻影响。信息化和经济全球化相互促进,互联网已经融入社会生活方方面面,深刻改变了人们的生产和生活方式。我国正处在这个大潮之中,受到的影响越来越深。我国互联网和信息化工作取得了显著发展成就,网络走入千家万户,网民数量世界第一,我国已成为网络大国。同时也要看到,我们在自主创新方面还相对落后,区域和城乡差异比较明显,特别是人均带宽与国际先进水平差距较大,国内互联网发展瓶颈仍然较为突出。在这一形势下,我们需要认清当前网络安全面临的严峻形势,从技术创新、完善立法、加强管理等方面切实保障网络安全。

网络安全和信息化对一个国家很多领域都是牵一发而动全身的,要认清我们面临的形势和任务,充分认识做好工作的重要性和紧迫性,因势而谋,应势而动,顺势而为。网络安全和信息化是一体之两翼、驱动之双轮,必须统一谋划、统一部署、统一推进、统一实施。做好网络安全和信息化工作,要处理好安全和发展的关系,做到协调一致、齐头并进,以安全保发展、以发展促安全,努力建久安之势、成长治之业。做好网上舆论工作是一项长期任务,要创新改进网上宣传,运用网络传播规律,弘扬主旋律,激发正能量,大力培育和践行社会主义核心价值观,把握好网上舆论引导的时、度、效,使网络空间清朗起来。

网络信息是跨国界流动的,信息流引领技术流、资金流、人才流,信息资源日益成为重要生产要素和社会财富,信息掌握的多寡成为国家软实力和竞争力的重要标志。信息技术和产业发展程度决定着信息化发展水平,要加强核心技术自主创新和基础设施建设,提升信息采集、处理、传播、利用、安全能力,更好惠及民生。没有网络安全就没有国家安全,没有信息化就没有现代化。建设网络强国,要有自己的技术，有过硬的技术；要有丰富全面的信息服务，繁荣发展的网络文化；要有良好的信息基础设施，形成实力雄厚的信息经济；要有高素质的网络安全和信息化人才队伍；要积极开展双边、多边的互联网国际交流合作。建设网络强国的战略部署要与“两个一百年”奋斗目标同步推进，向着网络基础设施基本普及、自主创新能力显著增强、信息经济全面发展、网络安全保障有力的目标不断前进。要制定全面的信息技术、网络技术研究发展战略，下大气力解决科研成果转化问题。要出台支持企业发展的政策，让他们成为技术创新主体，成为信息产业发展主体。要抓紧制定立法规划，完善互联网信息内容管理、关键信息基础设施保护等法律法规，依法治理网络空间，维护公民合法权益。

建设网络强国，要把人才资源汇聚起来，建设一支政治强、业务精、作风好的强大队伍。“千军易得，一将难求”，要培养造就世界水平的科学家、网络科技领军人才、卓越工程师、高水平创新团队。要发挥集中统一领导作用，统筹协调各个领域的网络安全和信息化重大问题，制定实施国家网络安全和信息化发展战略、宏观规划和重大政策，不断增强安全保障能力。

作为信息交付手段，网络已无处不在，涉及社会生产、社会生活、社会管理，承载了海量的信息，影响并左右了社会的方方面面。无论是国家的强大还是人民生活的改善与提高都离不开一个安全可控、优质高效的网络。可以说，网络时代的国家安全有了新的内涵，没有网络安全，国家安全也就无从谈起。

不管是对经济发展的全面支撑，还是对社会生活的无缝渗透，网络都已经融入经济社会生活的方方面面，深刻改变了人们的生产和生活方式。根据 CNNIC 发布的《第36 次中国互联网络发展状况统计报告》，截至 2015 年 6 月，我国网民数达 6.68 亿，互联网普及率为 48.8%，网络购物用户规模达 3.74 亿人，使用率达到 56%，全年网络零售总额超过 2.75 万亿元，互联网已经成为人们不可或缺的生活方式。同时，全国使用互联网办公的企业比例为 83.2%，规模在 100 人以上的企业的互联网使用率均超过 90%，互联网也全面渗入了经济生产中。从安全的角度看，现在的互联网已成为各种利益诉求的集散地，也成为国内外敌对势力对我国进行进攻和渗透的重要渠道。可以说，当今整个社会的运行越来越附着在网络上，互联网已经嵌入了国内经济政治文化社会生态，已经成为改革开放历史进程的一个重要组成部分，也关乎社会的稳定。这也意味着国家在进行公共政策调整的时候，必须同时对网络空间作出回应，这也是国家治理现代化的要求。

“现在全球已经进入网络时代，中国又是全球网民数最多的国家，这是中国第一次将网络安全上升至国家战略层面；网络安全不仅是网络本身的安全，也不仅是信息的安全，它关乎国家的安全。”互联网实验室创始人方兴东表示，成立中央网络安全和信息化领导小组，大大拓展了网络安全的内涵和外延。

二、我国网络信息安全形势严峻

网络既有其高效、强大的一面，又有其脆弱的一面，由于它的普遍性、广泛性，极容易受到来自各方面的侵扰。病毒的兴起、黑客的盛行、虚假信息的泛滥，给网络本身及人们获取信息造成极大的干扰，并给社会带来一系列新的问题。国家互联网应急中心的报告显示，2014 年，我国基础网络安全防护水平有较大提升，然而由于互联网与社会经济的融合度加深，经济信息尤其是信息消费领域面临更多的安全风险。在网络攻击、网络设备隐患和信息保护方面，我国网络信息安全形势依然严峻。

病毒、黑客、欺诈等网络攻击，在过去一年中给中国网民带来的损失保守估计近 1500 亿元。仅以移动互联网为例，2015 中国计算机网络安全大会数据显示，2014 年，我国感染移动恶意程序的用户数量达 2292 万，较 2013 年的 609 万用户增长了 3.76 倍。2014 年 CNCERT 检测发现移动互联网恶意程序数量为 951059 个，是 2013 年检测发现数量的 1.35 倍，中国还是网络攻击的主要受害国。2014 年，在工业和信息化部的指导下，CNCERT 协调基础电信企业、域名服务机构等成功关闭 744 个控制规模较大的僵尸网络，累计处置 767 个恶意控制服务器和恶意域名，成功切断黑客对 98 万余台感染主机的控制，有力净化了公共互联网网络安全环境。随着我国持续加大公共互联网环境监管和治理力度，大量僵尸网络控制服务器向境外迁移，2014 年抽样监测发现境外 4.2 万个控制服务器控制了我国境内 1081 万余个主机，境外控制服务器数量较 2013 年增长 45.3%，并且这一数字还在持续增长。

而在网络设备方面，由于自主创新能力的欠缺，也带来了不小的安全隐患。中国工程院院士邬贺铨指出，一些重要的网络产品依赖于进口设备，而进口设备里面本身可能会有一些东西不能够掌控。可以想见，如果我们使用的终端产品例如手机操作系统、PC 操作系统几乎都是国外的，由于技术不受掌握，很难做到安全可控的管理，在金融等关乎国计民生的重要领域，必然存在不小的安全隐患。

美国前情报人员斯诺登透露，美国国家安全局曾入侵华为总部的服务器，还曾监控数位中国前任国家领导人和多个政府部门及银行。这进一步警示我们网络信息安全形势的严峻。正如复旦大学网络安全专家沈逸所指出的，中国高度依赖互联网，是规则的遵循者，而不是规则的制定者。

三、新疆网络安全面临的挑战

在新疆，网络安全对国家安全的影响更加直接、更加深刻。新疆工作的总目标是社会稳定和长治久安，做好网络安全工作直接关系到社会稳定和长治久安总目标的实现。因此，新疆网络安全和信息化工作的首要和核心是全力维护好网络安全工作，主要是突出加强意识形态安全、渠道安全、关防安全和技术安全，而维护好新疆网络安全工作的主要任务就是打赢网上反恐维稳战争。

暴力恐怖音视频是宗教极端活动转向暴恐活动的加速器、暴恐团伙的“思想指引”“行动指南”和“训练教材”，已成为影响新疆安全稳定的最大隐患。随着互联网的快速发展，“东伊运”等恐怖组织利用互联网传播暴恐音视频的活动更加频繁并不断传入境内，成为新疆暴恐案件多发的重要诱因。《建议》提出，维护国际公共安全，反对一切形式的恐怖主义，参与维护全球网络安全等。

据了解，目前，境内外利用互联网和移动存储介质传播宗教极端和暴恐宣传品违法犯罪现象十分突出，具有速度快、范围广、方式隐蔽等特点，社会直接危害急剧扩大。这些暴恐宣传品由境外传入，多以音视频形式灌输宗教极端思想，传授暴恐技能和爆炸物制作方法，在境内起到了煽动蛊惑和刺激示范作用，成为暴恐案件发生的主要诱因。暴恐分子几乎都曾收听观看暴力恐怖音视频活动，从而最终实施暴力恐怖犯罪。

针对这一突出问题，2013 年 3 月 31 日自治区高级人民法院、人民检察院、公安厅、文化厅和工商行政管理局联合发出《关于严禁传播暴力恐怖音视频的通告》，它对什么是“暴力恐怖音视频”作出界定，并要求严禁制作、发送、播放、复制、传播、存储暴力恐怖音视频，严禁浏览、下载、存储、复制、转发、发布、上传暴力恐怖音视频以及相关网址链接，严禁制作、贮存、销售、运输、夹带、寄送含有暴力恐怖音视频的物品。新疆各级宣传部门通过广播电视、报纸杂志、网络、短信微信平台等媒介，在全社会广泛发布、深入宣传，确保党员干部熟知、各族群众周知《通告》内容，在全社会形成认清暴恐音视频危害的浓厚氛围，彰显党委政府全力维护社会稳定、坚决打击暴恐音视频传播活动、遏制暴力恐怖活动的决心。《通告》发出后，我区各地严查严打暴恐音视频传播，公安机关加大了查处、打击力度，工商管理部门进一步加大对存储介质经销场所和经营主体的规范管理。自治区纪委、自治区党委组织部、自治区监察厅也下发通知，要求党员干部和企事业单位职工带头抵制暴恐音视频，有效遏制了暴恐音视频传播蔓延之势，发挥了震慑犯罪、教育群众。根据自治区统一部署，工商管理部门进一步加大对二手手机、网络存储器、手机存储卡等存储介质经销场所和经营主体的规范管理，提出要求、讲清政策。公安机关进一步加大对暴恐音视频网上源头、网下传播活动的清理整顿工作力度，着力切断源头、防止扩散、减小危害。

2014 年 4 月 1 日，自治区纪委、自治区党委组织部、自治区监察厅下发通知，要求各地各部门单位认真组织自查清查，加强针对性教育宣传，要求干部职工先行一步，对暴恐音视频带头抵制、不存不转，对父母、配偶、子女、朋友等身边人收听收看的，及时制止、及时报告，管好自家人、教育身边人、带动周围人；对违反纪律要求的党员干部和企事业单位职工，按照规定给予党纪政纪处分，情节严重的依法追究刑事责任。

2014 年 6 月以来，新疆网信办开展了多轮打击网络暴恐音视频专项行动，“拉网式”清理网上涉暴恐有害信息。2015 年 8 月 6 日，新疆互联网违法和不良信息举报平台正式上线，积极发动广大网民群众力量，鼓励网民通过电话、微信、微博等多种方式举报暴恐音视频等网络有害信息。经过持续一年多的清理整治和群众不间断举报，境内网上暴恐音视频存量大幅减少、增量明显下降，网上传播的增长势头受到遏制。

四、新疆应对网络安全的举措

（一）多管齐下夯实网络安全基石

针对目前新疆面临的网络信息安全严峻形势，应从国家战略高度，以技术创新、完善立法和加强管理为抓手，致力于打造安全可控、清朗健康的网络空间环境，切实保障“两个一百年”奋斗目标的实现。

1. 打造属于我们自己的技术创新体系，对于网络安全建设至为重要

信息的攻防总是魔高一尺道高一丈，永远没有止境，只有创新是永恒的解决方案。如果不在技术上创新突破，受制于人的被动局面就不容易改变。推进网络安全设备国产化，应从与国家安全密切相关的领域如国防、军工、公安、政府、金融、央企等行业入手，这些行业也是承受“棱镜门”风险最大的行业。

2. 完善网络安全立法，必须从国家战略高度加强顶层设计和统筹推进

国家信息化专家咨询委员会常务副主任周宏仁指出，网络安全要通过立法加以提升，要依靠法律治理，不要形成网络无政府主义。据了解，目前已有 40 多个国家颁布了网络空间国家安全战略，仅美国就颁布了 40 多份与网络安全有关的文件。欧盟三大领导机构明确，计划在 2014 年年底通过欧洲数据保护改革方案。从我国来看，虽然出

台了《关于大力推进信息化发展和切实保障信息安全的若干意见》《关于加强网络信息保护的决定》《电信和互联网用户个人信息保护规定》等，但是总体来看还比较分散，系统性不强，实际操作上存在较多问题。专家指出，接轨国际，建设坚固可靠的国家网络安全体系，是中国必须作出的战略选择。

3. 针对现行的互联网管理体制，加强统筹、丰富手段是必要之策

国务院发展研究中心研究员李广乾表示，应从组织机构建设方面加强统筹，成立一个综合性且强有力的协调机构，从而结束当前网络安全与信息化建设所面临的“九龙治水”的局面。同时需要合并当前重叠的职能业务部门，赋予新的协调机构更多的政策手段和工具。

（二）高度重视网络意识形态安全

意识形态工作是党的一项极端重要的工作，互联网已经成为意识形态斗争的主战场。网络安全包括意识形态安全、数据安全、技术安全、应用安全、资本安全、渠道安全、关防安全等。在“七个安全”中意识形态安全是首要的，是第一位的。《建议》提出，牢牢把握正确舆论导向，健全社会舆情引导机制，传播正能量。加强网上思想文化阵地建设，实施网络内容建设工程，发展积极向上的网络文化，净化网络环境。

暴力恐怖活动严重破坏新疆社会稳定，它的思想基础是宗教极端。新疆网信办积极探索网上“去极端化”，用现代文化对冲宗教极端思想。2014 年，策划举办了“塔克拉玛干的婚礼”大型网络文化活动，环绕塔克拉玛干沙漠边缘，沿喀喇昆仑山进帕米尔高原，行程 1.3 万公里，覆盖沙雅、阿图什、皮山、莎车等南疆多个县（市），为 300 余对新人举办了 8 场现代集体婚礼。一支游走在沙漠边缘的网络工作队，用一场场“贴地皮、接地气”的现代文化盛宴，在南疆社会产生了强烈的反响、巨大的共鸣，走出了一条“文化对冲”的新路子。

以现代文化为引领推进新疆网络文化建设。近年来，新疆网信办牵头策划了很多具有全国影响力的新疆网络文化活动。“嗨！我是新疆人”活动，各大网站和网民“晒出”百余位民间“草根英雄”，展现了新疆各族人民自信、团结、包容、奋进的新形象；“我为新疆代言”，晒出新疆美食及美丽的人们，展示、记录下新疆人对家乡炽热、深沉的爱；“阿克苏的苹果红了”“叶尔羌河对您说”活动以新疆优质苹果、红枣等水果、干果为媒介，向关心和支持新疆的各界朋友送上新疆各族群众的“感恩、欢迎、祝福”之情，推介了真实客观的新疆，拉近了世界与新疆民众间的情感距离；“万个故事献祖国”“新疆人的一天”活动，关注普通新疆人的生活，真实记录了普通新疆人的生活样态，展现新疆新面貌及 60 年来新疆发生的翻天覆地的历史巨变，受

到各大传统媒体关注，给予广泛宣传报道。2015 年 4 月起，新疆网信办围绕促进就业、带动产业，举办“艾德莱斯炫昆仑”活动，用文化孵化产业、助农增收，向外展示了蓬勃发展的新疆特色文化，推广新疆艾德莱斯特色纺织品，实现社会效益与经济效益的双赢。

（三）重点提高网络安全风险防控能力

《建议》提出，建立风险识别和预警机制，以可控方式和节奏主动释放风险，重点提高财政、金融、能源……网络安全等方面风险防控能力。截至 2015 年 6 月，新疆有备案网站近 2 万家，境内外黑客组织通过拒绝服务攻击、网页篡改、网页仿冒、植入后门等多种方式，高频次对疆内网站进行攻击。尤其是政府政务网站和新闻媒体网站，受攻击的次数较去年同期增长 2 倍以上。

与严峻复杂的网络安全形势相比，新疆的网络安全防护水平却比较低，网站普遍存在安防设施陈旧老化、安全意识淡薄、安防能力较差、应急机制和长效机制运行不畅等问题。因此，政府、企业、科研机构应在网络安全风险防控上有所作为，对网络安全风险进行预防，为网站提供必要的资金、技术和智力支持。

（四）以高度的使命感做好网络安全工作

当前，新疆反恐维稳任务十分繁重，我们有一种时代使命感，还有一种工作的紧迫感。经过大量的实践和探索，自治区网络安全部门总结提炼出“新疆网信精神”，即“要忠、要硬、要强、要冲、要淡”，其中，“忠”是根本、“硬”是保障、“强”是要求、“冲”是使命、“淡”是素养。“忠”是网信战线的生命线；“硬”是作风和思想要硬；“强”是要加强学习，解决本领恐慌的问题；“冲”是要勇于担当，不辱使命；“淡”是要淡泊名利，甘于奉献。

今后，我们将坚持和发扬新疆作风，积极践行“新疆网信精神”，紧紧依靠新疆各族人民群众，以“适应新形势、立足新起点、瞄准新目标、应对新挑战、实现新发展”为目标，全力打赢网上反恐维稳战争，为新疆社会稳定和长治久安提供有力的网络安全保障！

【思考题】

1. 根据自己的学习和感受，谈谈我国网络信息安全形势。
2. 新疆应对网络安全的主要举措有哪些？

辅助学习资料

加快我国网络安全与信息化法制建设

习近平总书记在主持召开中央网络安全和信息化领导小组第一次会议时要求，“要抓紧制定立法规划，完善互联网信息内容管理、关键基础设施保护等法律法规，依法治理网络空间，维护公民合法权益”。党的十八届四中全会决定要求，加强互联网领域立法，完善网络信息服务、网络安全保护、网络社会管理等方面的法律法规，依法规范网络行为。新的形势，要求加快我国网络安全与信息化法制建设步伐，促进依法管网、依法上网、依法用网，维护国家安全，建设网络强国。

一、我国网络安全与信息化法制建设面临的主要挑战

我国网络安全与信息化法制伴随国家信息化发展，初步形成了覆盖网络与信息安全、电子商务、电子政务、互联网治理、信息权益保护等信息社会核心领域的规范体系，网络安全与信息化相关争议与问题能够通过行政执法与司法机制加以解决，市场与各种社会主体的信息化法治意识初步确立。

但是，我国网络安全与信息化立法主要是由低层级的规章或者规章以下规范性文件构成，高位阶的立法非常少，一些重要领域规范缺乏，网络与信息安全面临巨大挑战；一些立法制定的时间较久，明显已经不适应网络社会快速发展的现实；一些立法更多考虑的是建设、安全、秩序与管理等需要，未能对应用、创新、权利与发展等给予同等考虑，不利于提升国家整体竞争能力，不利于构建创新型国家；一些立法质量不高，制定后不能用、不管用、难执行、难适用、难遵守，个别立法甚至形同虚设；网络安全与信息化行政执法部门职责权限边界不明确，普遍重事前审批、轻事中监管，简单照抄照搬现实社会管理方法，裁量权过大，程序制约缺失，加大市场主体守法成本，违法行为难以得到及时遏制，执法有效性与公信力均不足；对于网络安全与信息化相关争议与各种新问题，现行司法制度在审判体制、人员素质、审理程序、裁判依据等方面面临现实制约，司法裁判功能不得到充分实现；网络空间不正当竞争现象时有发生，网络违法犯罪行为屡禁不止，少数网民守法意识不强，网络社会秩序亟待规范。

二、明确立法重点，夯实网络安全基础

网络安全是推进信息化法制建设的基础，在整个工作中占据最为重要的地位。通常而言，网络安全（或者信息安全）有最广义、广义与狭义三种理解。最广义的网络安全包括作为基础设施的网络以及网络上所传输的信息安全，实际上等于网络与信息安全；广义上的理解不包括信息内容，只是指作为基础设施的网络空间，包括基础传输网络、重要的信息系统以及业务系统；狭义的理解只是指广电、电信、互联网等基础传输网络，不包括重要信息系统与业务系统。由于我国过去的文件并未严格界定概念的含义，加之缺乏高位阶网络安全立法，不同方面对于网络安全含义的理解一直非常混乱。

对网络安全应采用统一的广义理解，避免理解上的含糊或者歧义。这是因为：①科学界定立法的范围，有助于法律的实施，也有利于配置社会资源，降低守法成本。如果采用最广义的界定，会使性质截然不同的基础设施安全与信息内容安全混合到一起，难以制定具有统一适用性的制度，既加大立法的难度，也加大执法的难度，还会导致整个社会的守法成本高企。反之，如果采用狭义的理解，将网络安全局限在传输网络范畴，在网络社会与现实社会已经高度融合的今天，不仅在边界界定上几乎不可能，而且由于范围过小无法真正实现维护网络信息安全的立法目的。因此，只有采用广义理解，才符合网络环境下网络安全的本质特征，有利于实现立法目的，维护国家和社会的根本利益。②从国外网络安全法的立法经验看，几乎全部聚焦在关键基础设施方面，因为在高度互联的环境下，关键基础设施一旦被攻破，就会造成整个网络系统和建立在网络之上的各种信息系统的瘫痪，会危及整个国家安全、公共安全与社会秩序，因此，网络安全的首要任务都是保护这些关键基础设施的安全，防范系统性风险。至于传输系统的构建以及竞争秩序等，大多都由传统的电信法解决；互联网信息内容安全，则由内容规制方面的法律解决。③根据互联网的特点分门别类进行相应的立法，构建有效的互联网法律结构，也已经被我国决策部门所采纳，反映在国家互联网专项立法规划中。

三、全面推进网络安全与信息化法制建设

党的十八届四中全会明确提出了“科学立法、严格执法、公正司法、严格守法”的新十六字法治建设方针，要求形成完备的法律规范体系、高效的法治实施体系、严密的法治监督体系、有力的法治保障体系，形成完善的党内法规体系。四中全会的这些

要求，对于网络安全与信息化法制建设有非常重要的现实意义。可以看到，目前网络安全与信息化法制建设面临的问题分别体现在立法、执法、司法、守法、法律监督等不同环节，制度建设因而必须系统设计，全面推进。

第一，根据全面推进依法治国新形势，应该从战略上进一步明确网络安全与信息化法制建设的总目标。在中央网络安全与信息化领导小组的统一部署下，坚持发展是第一要务，加快制定网络安全与信息化基本法律，优化执法体制与机制，大力加强执法能力建设，开展网络社会自觉守法意识宣传与教育，实现科学立法、严格执法、公正司法、全民守法基本要求，全面发挥网络安全与信息化法制在全面深化改革与信息化发展中的引领、推动、规范与保障作用。

第二，确立网络安全与信息化法制建设的指导思想。根据近年来的经验，为保证网络安全与信息化法制建设的顺利推进，应坚持：①以建设网络强国为目标，坚持发展是第一要务，以发展的思路和标准解决和评判网络安全与信息化过程中面临的各种矛盾与问题，处理好安全与发展之间的关系，以发展促安全，以安全保发展。②坚持依法治国、依法执政、依法行政共同推进，法治国家、法治政府、法治社会一体建设，实现科学立法、严格执法、公正司法、全民守法的网络安全与信息化法制建设基本要求。③准确认识和把握网络社会与信息化本身客观规律，提高制度建设的有效性和科学性，着力构建多元的信息化推动机制，充分发挥政府、市场、社会、法治与竞争机制在推动信息化过程中的不同作用，实现网络安全与信息化治理体系与治理能力的现代化。

第三，明确网络安全与信息化法制建设的主要任务。根据目前面临的问题，主要任务应该包括以下四个方面：①加快制定信息化基本法律。加快制定《网络安全法》《电信法》《电子商务法》《个人信息保护法》《政府数据开放条例》等法律法规，研究制定《信息化推进基本法》《电子政务法》《互联网信息内容服务与管理法》《密码法》等信息化基本法律，实现信息化法律关系主要依靠基本法律支撑的结构性改变。同时，加快对不适应信息化发展的现行法律法规的修改与废止，提高信息化立法的质量，推动信息化立法的不断完善。②优化信息化执法体制与机制。改革与完善信息化执法体制，推进政府职能整合，着力解决执法权交叉、执法权限模糊、管辖权不明确等问题；加大违法行为的法律责任，改变违法成本过低现象；建立快速处理各类争议的行政执法与司法裁判程序，迅速处理与处置各种法律争议问题；充分利用市场机制、私法执法、信息披露等多元化执法方式，处理好行政执法与刑事执法的有效衔接，提高执法效果，形成执法合力；大力培育行业自律等社会治理机制，形成网络社会多元治理格局。③大力加强信息化执法能力建设。加强现行法律在信息化环境下的立法、执法与司法解释，充分利用好现有立法资源；加强对国家机关工作人员信息化知识培养与教育，培养复合型人才，提高信息化应用能力；推广负面清单管理方式，将不增设新的行政许可或者其他事前管理机制作为电子商务的基本原则，为互联网产业与电子商务发展提供宽松的制度环境；通过执法方式改革与手段创新，建立实时风险监测、预警与预测，推行过程监管，加强部门信息共享与执法合作；扩大信息化执法国际交流与合作，推动建立公正、透明国际互联网治理体系；规范执法程序，明确裁量基准，强化执法监督，并通过严格的行政执法责任追究，切实解决执法不作为、乱作为与执法谋私等现象。④开展网络社会自觉守法意识宣传与教育。以多种形式开展信息化法律宣传教育，弘扬法治价值，促进社会公平正义，处理好维稳与维权的关系；提倡文明上网、理性上网、公平竞争、合法经营、规范执法，减少或杜绝选择性执法现象；全面树立“网络无边界、法律无死角”观念，提高全社会自觉守法意识。

第四，尽快启动制定《网络安全与信息化法制建设实施纲要》。网络安全与信息化法制建设覆盖范围广、涉及部门多、相关问题复杂，需要统筹规划，系统设计，稳步实施。我国网络安全与信息化法制建设目前存在的各种问题，与缺乏统筹协调有很大的关系。为此，应尽快启动制定《网络安全与信息化法制建设实施纲要》，明确时间表、路线图与任务分工等基本内容，作为中央网络安全与信息化领导小组推动网络安全与信息化法制工作的纲领性文件。（来源：周汉华，中国网信网，2015 年 6 月 4 日）

拓展阅读资料

中华人民共和国主席习近平在第二届世界互联网大会开幕式上的讲话

尊敬的侯赛因总统，尊敬的梅德韦杰夫总理，尊敬的马西莫夫总理，尊敬的萨里耶夫总理，尊敬的拉苏尔佐达总理，尊敬的阿齐莫夫第一副总理，尊敬的索瓦莱尼副首相，尊敬的吴红波副秘书长，尊敬的赵厚麟秘书长，尊敬的施瓦布先生，各位部长，各位大使，各位嘉宾，各位朋友：

欢迎各位嘉宾来到美丽的乌镇，共商世界互联网发展大计。首先，我谨代表中国政府和中国人民，并以我个人的名义，对各位嘉宾出席第二届世界互联网大会，表示热烈的欢迎！对大会的召开，表示热烈的祝贺！

我曾在浙江工作多年，多次来过乌镇。今天再次来到这里，既感到亲切熟悉，又感到耳目一新。去年，首届世界互联网大会在这里举办，推动了网络创客、网上医院、智慧旅游等快速发展，让这个白墙黛瓦的千年古镇焕发出新的魅力。乌镇的网络化、智慧化，是传统和现代、人文和科技融合发展的生动写照，是中国互联网创新发展的一个缩影，也生动体现了全球互联网共享发展的理念。

纵观世界文明史，人类先后经历了农业革命、工业革命、信息革命。每一次产业技术革命，都给人类生产生活带来巨大而深刻的影响。现在，以互联网为代表的信息技术日新月异，引领了社会生产新变革，创造了人类生活新空间，拓展了国家治理新领域，极大提高了人类认识世界、改造世界的能力。互联网让世界变成了“鸡犬之声相闻”的地球村，相隔万里的人们不再“老死不相往来”。可以说，世界因互联网而更多彩，生活因互联网而更丰富。

中国正处在信息化快速发展的历史进程之中。中国高度重视互联网发展，自21年前接入国际互联网以来，我们按照积极利用、科学发展、依法管理、确保安全的思路，加强信息基础设施建设，发展网络经济，推进信息惠民。同时，我们依法开展网络空间治理，网络空间日渐清朗。目前，中国有6.7亿网民、413万多家网站，网络深度融入经济社会发展、融入人民生活。

中共十八届五中全会提出了创新、协调、绿色、开放、共享的发展理念。“十三五”时期，中国将大力实施网络强国战略、国家大数据战略、“互联网＋”行动计划，发展积极向上的网络文化，拓展网络经济空间，促进互联网和经济社会融合发展。我们的目标，就是要让互联网发展成果惠及13亿多中国人民，更好造福各国人民。

各位嘉宾、各位朋友！

随着世界多极化、经济全球化、文化多样化、社会信息化深入发展，互联网对人类文明进步将发挥更大促进作用。同时，互联网领域发展不平衡、规则不健全、秩序不合理等问题日益凸显。不同国家和地区信息鸿沟不断拉大，现有网络空间治理规则难以反映大多数国家意愿和利益；世界范围内侵害个人隐私、侵犯知识产权、网络犯罪等时有发生，网络监听、网络攻击、网络恐怖主义活动等成为全球公害。面对这些问题和挑战，国际社会应该在相互尊重、相互信任的基础上，加强对话合作，推动互联网全球治理体系变革，共同构建和平、安全、开放、合作的网络空间，建立多边、民主、透明的全球互联网治理体系。

推进全球互联网治理体系变革，应该坚持以下原则。

——尊重网络主权。《联合国宪章》确立的主权平等原则是当代国际关系的基本准则，覆盖国与国交往各个领域，其原则和精神也应该适用于网络空间。我们应该尊重各国自主选择网络发展道路、网络管理模式、互联网公共政策和平等参与国际网络空间治理的权利，不搞网络霸权，不干涉他国内政，不从事、纵容或支持危害他国国家安全的网络活动。

——维护和平安全。一个安全稳定繁荣的网络空间，对各国乃至世界都具有重大意义。在现实空间，战火硝烟仍未散去，恐怖主义阴霾难除，违法犯罪时有发生。网络空间，不应成为各国角力的战场，更不能成为违法犯罪的温床。各国应该共同努力，防范和反对利用网络空间进行的恐怖、淫秽、贩毒、洗钱、赌博等犯罪活动。不论是商业窃密，还是对政府网络发起黑客攻击，都应该根据相关法律和国际公约予以坚决打击。维护网络安全不应有双重标准，不能一个国家安全而其他国家不安全，一部分国家安全而另一部分国家不安全，更不能以牺牲别国安全谋求自身所谓绝对安全。

——促进开放合作。“天下兼相爱则治，交相恶则乱。”完善全球互联网治理体系，维护网络空间秩序，必须坚持同舟共济、互信互利的理念，摈弃零和博弈、赢者通吃的旧观念。各国应该推进互联网领域开放合作，丰富开放内涵，提高开放水平，搭建更多沟通合作平台，创造更多利益契合点、合作增长点、共赢新亮点，推动彼此在网络空间优势互补、共同发展，让更多国家和人民搭乘信息时代的快车、共享互联网发展成果。

——构建良好秩序。网络空间同现实社会一样，既要提倡自由，也要保持秩序。自由是秩序的目的，秩序是自由的保障。我们既要尊重网民交流思想、表达意愿的权利，也要依法构建良好网络秩序，这有利于保障广大网民合法权益。网络空间不是“法外之地”。网络空间是虚拟的，但运用网络空间的主体是现实的，大家都应该遵守法律，明确各方权利义务。要坚持依法治网、依法办网、依法上网，让互联网在法治轨道上健康运行。同时，要加强网络伦理、网络文明建设，发挥道德教化引导作用，用人类文明优秀成果滋养网络空间、修复网络生态。

各位嘉宾、各位朋友！

网络空间是人类共同的活动空间，网络空间前途命运应由世界各国共同掌握。各国应该加强沟通、扩大共识、深化合作，共同构建网络空间命运共同体。对此，我愿提出五点主张。

第一，加快全球网络基础设施建设，促进互联互通。网络的本质在于互联，信息的价值在于互通。只有加强信息基础设施建设，铺就信息畅通之路，不断缩小不同国家、地区、人群间的信息鸿沟，才能让信息资源充分涌流。中国正在实施“宽带中国”战略，预计到2020年，中国宽带网络将基本覆盖所有行政村，打通网络基础设施“最后一公里”，让更多人用上互联网。中国愿同各方一道，加大资金投入，加强技术支持，共同推动全球网络基础设施建设，让更多发展中国家和人民共享互联网带来的发展机遇。

第二，打造网上文化交流共享平台，促进交流互鉴。文化因交流而多彩，文明因互鉴而丰富。互联网是传播人类优秀文化、弘扬正能量的重要载体。中国愿通过互联网架设国际交流桥梁，推动世界优秀文化交流互鉴，推动各国人民情感交流、心灵沟通。我们愿同各国一道，发挥互联网传播平台优势，让各国人民了解中华优秀文化，让中国人民了解各国优秀文化，共同推动网络文化繁荣发展，丰富人们精神世界，促进人类文明进步。

第三，推动网络经济创新发展，促进共同繁荣。当前，世界经济复苏艰难曲折，中国经济也面临着一定下行压力。解决这些问题，关键在于坚持创新驱动发展，开拓发展新境界。中国正在实施“互联网＋”行动计划，推进“数字中国”建设，发展分享经济，支持基于互联网的各类创新，提高发展质量和效益。中国互联网蓬勃发展，为各国企业和创业者提供了广阔市场空间。中国开放的大门永远不会关上，利用外资的政策不会变，对外商投资企业合法权益的保障不会变，为各国企业在华投资兴业提供更好服务的方向不会变。只要遵守中国法律，我们热情欢迎各国企业和创业者在华投资兴业。我们愿意同各国加强合作，通过发展跨境电子商务、建设信息经济示范区等，促进世界范围内投资和贸易发展，推动全球数字经济发展。

第四，保障网络安全，促进有序发展。安全和发展是一体之两翼、驱动之双轮。安全是发展的保障，发展是安全的目的。网络安全是全球性挑战，没有哪个国家能够置身事外、独善其身，维护网络安全是国际社会的共同责任。各国应该携手努力，共同遏制信息技术滥用，反对网络监听和网络攻击，反对网络空间军备竞赛。中国愿同各国一道，加强对话交流，有效管控分歧，推动制定各方普遍接受的网络空间国际规则，制定网络空间国际反恐公约，健全打击网络犯罪司法协助机制，共同维护网络空间和平安全。

第五，构建互联网治理体系，促进公平正义。国际网络空间治理，应该坚持多边参与、多方参与，由大家商量着办，发挥政府、国际组织、互联网企业、技术社群、民间机构、公民个人等各个主体作用，不搞单边主义，不搞一方主导或由几方凑在一起说了算。各国应该加强沟通交流，完善网络空间对话协商机制，研究制定全球互联网治理规则，使全球互联网治理体系更加公正合理，更加平衡地反映大多数国家意愿和利益。举办世界互联网大会，就是希望搭建全球互联网共享共治的一个平台，共同推动互联网健康发展。

各位嘉宾、各位朋友！

“凡益之道，与时偕行。”互联网虽然是无形的，但运用互联网的人们都是有形的，互联网是人类的共同家园。让这个家园更美丽、更干净、更安全，是国际社会的共同责任。让我们携起手来，共同推动网络空间互联互通、共享共治，为开创人类发展更加美好的未来助力！

最后，预祝大会取得圆满成功！

谢谢大家。

（来源：新华网，2015 年 12 月 16 日）

专题十　新疆“访惠聚”活动及其成效

导语：“访惠聚”活动，是自治区党委贯彻落实中央新疆工作座谈会和习近平总书记系列重要讲话、重要批示精神，推动新疆社会稳定和长治久安的重要战略举措。2014年年初，自治区党委决定从全疆各级机关抽调20万名干部下基层，住村入户，开展为期三年的“访民情、惠民生、聚民心”活动。全疆各级机关积极响应自治区党委的号召，精心组织、勇担重任，扎实推进、务求实效，以高度的责任感、使命感投入“访惠聚”工作，做出了不平凡的业绩，赢得了各族群众的赞誉，取得了良好的成效。

一、“访惠聚”的主要内容

指导思想：访民情、惠民生、聚民心。

总要求：紧紧围绕确保社会稳定和长治久安总目标，以争取人心、做好群众工作为统领，以促进民族团结、宗教和谐为重点，以开展群众路线教育实践活动为切入点，着力在转变干部作风、加强民族团结、促进宗教和谐、保障改善民生、维护社会稳定、强化基层基础等方面取得突破性进展，打好科学发展、长治久安的基础。

基本原则：一是依靠群众、相信群众、发动群众；二是做好群众工作，打好群众基础；三是在当地党委领导下进行。

活动特点：一是基层全覆盖，全面进驻、不留空白，实现一万个村（社区）全覆盖。二是干部全覆盖，三年下来，全疆20万名机关干部将轮换一遍、全部下基层一年。三是任务全覆盖，中央和自治区党委明确的各项任务要全面落实到基层，确保把中央和自治区党委要求“一竿子”贯彻到底、“一揽子”落实到位，直接与基层实现无缝对接。四是建立赏罚分明的激励机制，让所有干部真正重视起来，确保活动取得实效。

六项任务：一是践行群众路线、转变工作风。要以开展教育实践活动为突破口，转作风、反四风、带作风、促作风，把基层工作带起来，把下派干部锻炼好。要与各族干部群众结亲戚、交朋友，千方百计为他们排忧解难。二是加强民族团结、增进民族互信。要真心热爱各族人民，真诚服务各族群众，多办得人心、暖人心的事。深入开展民族团结进步创建活动，促进各民族相互信任、相互理解、相互包容、相互欣赏。要与各族群众融为一体、打成一片，最大限度争取民心、凝聚民心。三是突出现代文化引领、促进宗教和谐。要大力开展送节目、送科技等文化惠民活动，组织好群众性文体活动，真正把农村文化活跃起来。深入开展依法治理非法宗教活动、打击宗教极端违法犯罪专项行动，深入揭批“三股势力”反动本质，戳穿“圣战殉教进天堂”等荒唐谬论，全力以赴去极端化，引导群众把力量凝聚到发展经济、维护稳定上来。四是落实民生建设任务、增加农牧民收入。要以民生工程为切入点，帮助群众解决教育、就业、住房、社保以及道路、饮水、用电等方面突出问题，增加农牧民收入。五是强化群防群治群控、维护社会稳定。协助基层抓好各项维稳措施的落实，确保小事不出村、大事不出乡。六是加强基层组织建设、夯实长治久安基础。要把加强基层组织建设作为重中之重，加强传帮带，教思路、教方法、教经验，大规模培训基层干部。重视树立基层组织和基层干部威信，真正做到好人让基层干部做、好事让基层组织办，充分发挥基层党组织凝心聚力的作用。

二、“访惠聚”大事记

2014年2月，自治区党委决定，在全疆各级机关抽调20万名干部，开展为期三年的“访民情、惠民生、聚民心”活动。

2014年2月14日，新疆召开区直机关干部深入基层动员大会，中共中央政治局委员、自治区党委书记张春贤作动员讲话。

动员会后，各地各部门高度重视，迅速行动。各级干部踊跃报名，从自治区四大班子领导到厅局领导班子成员，从机关中层领导到一般干部，纷纷要求第一批下基层。

新疆 182 个区直部门和中央驻疆单位首批下派干部 3292 人，组成 492 个工作组。其中厅级干部 272 名、处级干部 1426 名，女干部 477 名。由 6 名省级干部带队的指导检查组于 2 月 26 日陆续进点开展工作。截至 3 月 5 日，各级工作组全部进点开展工作。

2015 年 1 月 15 日，自治区召开“访民情惠民生聚民心”活动表彰动员大会。自治区党委对伊犁哈萨克自治州财政局住伊宁市达达木图乡下苏拉宫村工作组等 500 个 2014 年度先进工作组（队）和米克热依·阿布都卡地尔等 2500 名先进个人进行表彰。在 2014 年住村工作中表现突出的 107 名同志，按照干部管理权限和程序被提拔使用，走上副厅级以上领导岗位。

2015 年 2 月，自治区“访惠聚”活动第二批工作组共 74000 多名干部，陆续奔赴天山南北、基层农村。截至 3 月 1 日，各级工作组全部进点开展工作。

三、“访惠聚”活动的成效

（一）贯彻党的群众路线，各级干部作风明显转变

工作组住村期间牢固树立群众观念，坚持以“真感情、好作风”投入群众工作，从衣食住行、安居乐业等群众生产生活的实际问题入手，以真情换真心，真正把群众工作做到群众心坎上，赢得了民心。

住村期间，各级住村工作组迅速进入角色、融入工作，干了很多好事、实事。进入春耕之际，各级工作组深入田间地头，与群众共劳动，请来专业技术人员，现场指导农民种果树，为群众解决困扰已久的生活用水、用电问题，争取项目资金积极开展惠民生工作，真正解决了群众的实际需求，让群众的生活更加舒心。

基层群众欣喜地看到了干部作风的转变，赞扬工作组干部“说话不靠书本子，工作不搞花架子，办事不摆官架子”。群众说得最多的话是：党的优良传统又回来了。

（二）真心融入群众，民族团结互信不断增强

工作队员坚持安心入住、用心思考、真心服务、细心工作，和各族群众同吃同住同劳动，挨家挨户访民情，做到了访民情村不漏户、户不漏人；有的工作队员穿上了民族服饰，取了少数民族名字，群众觉得很亲切；工作队员为群众照全家福、拍微电影，群众觉得很新鲜；工作队员给孤寡老人当干儿子、干女儿，群众觉得很温暖。很多住村干部与村干部结对学双语、与村民结对交朋友、与困难户结对帮扶，用实实在

在的“微行动”，满足了许多群众的“微心愿”。在对区直和中央驻疆单位工作组考核中，基层8万余名群众参加了满意度测评，工作组满意率平均达98%。

（三）坚持现代文化引领，“去极端化”初见成效

“访惠聚”工作组把遏制宗教极端思想渗透作为重要任务，积极发动群众、宣传群众、教育群众，发挥现代文化引领作用，“去极端化”工作取得了阶段性成效。工作组从乡村实际出发，普遍成立宣传队、文体队，用群众喜闻乐见的方式、百姓听得懂的语言，把党的主张政策传递给各族干部群众。利用节假日和农闲时节，组织群众特别是“80后、90后”青年参加农民运动会，设立靓丽大舞台，开展歌舞表演、现代服饰表演、乡村技能大赛等活动，活跃基层文化生活，丰富群众精神世界。

工作组面对面向群众宣讲党的民族宗教政策，组织宗教人士和信教群众揭露宗教极端思想的反动本质，声讨驳斥“圣战殉教进天堂”谬论。工作组协助加强宗教事务管理，创建“五好”宗教活动场所、“五好”宗教人士，开展婚姻领域违法行为综合治理、“去极端化”专项行动。工作组在村民服务中心为群众操办婚礼、葬礼、割礼等活动，用现代文化占领精神文化阵地，村里活动越来越多了，村委会人气越来越旺了，主动检举揭发违法犯罪线索、上缴暴恐音视频等非法宣传品的人越来越多，宗教极端思想渗透和蔓延得到遏制。

库尔勒市市政工程管理局住库尔勒市托布力其乡托布力其村工作组举办了村里的“中国好声音”节目——“遏制极端化，从我做起”主题演讲比赛，每月评小奖，年终评大奖。各族干部、村民在演讲中亮观点、摆事实、讲道理，阐述宗教极端的危害，倡导世俗化、现代化的生活方式，实现自我宣传、自我教育。昌吉回族自治州检察院住奇台县西地镇桥子村工作组编印《宗教极端活动75种具体表现》《民族宗教知识百题问答》3000多本，引导宗教人士和信教群众自觉筑牢抵制宗教极端思想渗透的防线；阿克苏地区安监局住库车县哈尼喀塔木乡西乡村工作组协助村里绘制“宗教极端思想传承图”“家族势力族谱关系图”等，深挖揭批幕后黑手，配合严打切断宗教极端组织向群众渗透的渠道；和静县出台意见，引导全县461家农民专业合作社吸收社员入社先签订《维护社会稳定、加强民族团结协议书》，要求社员自觉抵制宗教极端，促进民族团结。

思想的问题用思想的方法去解决，文化的问题用文化的方式去解决，习俗的问题用尊重的态度去对待，宗教的问题按照宗教的规律去做好工作，暴恐的问题用法治和严打的方式去解决。各级工作组按照这“五把钥匙”的方法，发动群众、组织群众，让村民们都动了起来、跳了起来、唱了起来、乐了起来，天山南北各个村庄充盈着正能量，

爱国爱疆思想、现代文明风尚、健康生活方式重回群众身边。

（四）大力保障改善民生，民心民力民智得到凝聚

2015年，自治区拿出近50亿元实施“访惠聚”村级民生项目，普惠覆盖到9000多个村。自治区将以推进第六个民生建设年活动为契机，落实好各项惠民政策，实施好“短平快”项目，办好民生实事。在2014年民生建设项目的基础上，2015年，自治区财政和各级工作组筹集22.6亿元，开工建成农村道路、电网改造、富民安居等民生项目近万个。解决了一批群众吃水行路难、用电住房难、看病增收难的问题，村容村貌、基层工作条件、群众生产生活明显改善。

工作组充分发挥各派出单位自身优势，帮助发展壮大集体经济，筹办农业经济合作社；帮助做好劳务输出，加强技能培训，增加农牧民收入。宣传落实扶贫惠民政策，帮助村民发展养殖、制作手工艺、推销农产品；组织致富能手、村民代表外出参观考察，帮扶危重病人就医治病。深入做好辍学学生及家长的思想工作，近万名辍学学生重返校园。住村干部踊跃捐款捐物，折合人民币1.3亿元，人均1700元。2014年，住村干部帮助残疾人、孤寡老人，资助贫困学生、困难家庭，帮扶重点户、贫困户50.2万人，帮助解决热点、难点问题13.3万个。2014年，新疆农牧民人均纯收入增长13.7%，农村富余劳动力转移就业260万人次，其中也凝聚了住村工作组的心血。

库车县玉奇吾斯塘乡库西吐尔村“地少户穷人心散”，是乡上唯一的“空壳村”和不通自来水的村。自治区教育厅工作组住村后，协助村里争取到自来水入户项目，还规划了可以容纳50户村民的民汉合居小区。住村干部、村“两委”干部和各族群众分4个层次结成了41个“一家亲”对子，在一起劳动、一起活动、一起致富中增进感情。村里苗圃承包户吐尔洪的女儿重病住院，住村干部发动全国的网友为她寻找“熊猫血”，使她及时接受手术；村里组建了业余模特队和秧歌队，住村干部联系内地职业学校的老师和学生设计了服装、捐赠了饰物……时间长了，村民们也把他们看做是自家的主心骨，“有困难找工作组”早已成了新疆各地农村村民解决问题的法宝。

自治区审计厅住和田市古江巴格乡塔木巴格霍伊拉村工作组针对未就业人群开展的家政服务、地毯编织、汽车驾驶、机械维修、建筑用工等专业技能培训很受村民欢迎。工作组还通过多渠道、多层面争取项目支持，积极落实各类民生建设项目，帮助村集体发展劳务派遣、家政服务等中小微企业、服务业，同时引进了地毯编织的“短平快”项目，让村里的年轻人学到技能有处用。

2015年是自治区成立60周年，各级住村工作组入户走访、开办村民夜校、开展民

族团结教育月主题宣讲活动和演讲比赛、诗歌朗诵等文化活动，大力宣传党中央对新疆的特殊关怀和祖国大家庭的温暖，宣传中央新疆工作座谈会以来天山南北和各族群众身边发生的巨大变化，进一步增强了各族群众“五个认同”的观念，筑牢了团结稳定的思想基础、群众基础。

（五）认真落实各项措施，反恐维稳基础更加巩固

各级工作组充分发挥宣言书、宣传队和播种机的作用，引导群众看发展、看变化、看未来，理直气壮地讲党的恩情，教育各族群众树立感恩意识，珍惜美好生活。

工作组组织群众和宗教人士揭露暴恐案件真相，戳穿“圣战殉教进天堂”谬论，声讨暴恐分子罪恶行径，引导群众擦亮眼睛、明辨是非，坚决与暴恐分子作斗争。工作组协助加强宗教事务管理，创建“五好”宗教活动场所、“五好”宗教人士，开展婚姻领域违法行为综合治理、“去极端化”专项行动。工作组配合开展严打专项行动，落实“四知四清四掌握”工作机制，协助健全群防群控体系，加强流动人口管理和重点人群帮教，与当地干部一起值班、巡逻。2014 年，工作组协助取缔地下讲经点近 300 个、查缴非法反动宣传品 2 万余册（个），化解矛盾纠纷 14 万多件。

（六）着力抓基层打基础，基层面貌发生可喜变化

工作组把抓基层、打基础作为重要任务，指导村级组织开展党的群众路线教育实践活动，依托远程教育站点轮训基层干部近 30 万人，聚焦政治坚强和“四风”，解决了一大批群众关心的热点、难点问题。工作组配合乡镇党委整顿软弱涣散基层党组织，健全共青团、妇联组织，加强后备力量建设；重视抓村级组织硬件建设，新增、改扩建村级组织活动场所 500 个。基层干部普遍反映：工作组点子多、办法多，甘当幕后英雄；有了工作组撑腰，村支部有威信了，村干部腰杆硬了。

第二批各级“访惠聚”活动工作组以自治区基层基础建设年活动为主要抓手，着力打造永不走的工作队，让村级组织和干部成为强基固本的中流砥柱。乌什县依麻木乡库尔干村连续担任了 9 年党支部副书记的艾合买提·卡玛力，2015 年被确定为村里的后备干部，前往阿克苏地区党校参加了两个月的培训学习，还到邻县的先进村挂职一个月。回来后，他对村里工作的重点更清楚了，工作的积极性也提高了。

在“访惠聚”活动中，一批“厅官”“县官”沉到基层，当起了“村官”的参谋和后盾，教思路、教方法、教经验，提要求、交任务、压担子，帮助村级干部提升工作素质和能力。住村干部分头包联村干部，与他们一起承担分解任务，提升村级“星级化”创建水平。面临“三期叠加”的严峻复杂形势，第二批住村干部强化责

任，认真落实“三位一体”“四位一体”的工作机制，落实维护稳定各项措施，挖幕后、揭盖子，协助各级组织打掉隐藏在幕后的黑恶势力，为基层干部发挥作用保驾护航。

“厅官”想“村官”的琐事，“村官”学“厅官”的本事，“访惠聚”工作不仅让机关干部开阔了视野，得到磨炼，也让基层干部学习了工作方法，提高了工作能力。2015年以来，焉耆回族自治县大力实施村民小组“筑堡垒”工程，248个村民小组已建立村民小组党支部199个，激发了农村基层党组织工作活力，激活了社会管理“神经末梢”。今年2月，这个县五号渠乡阿伦渠村第五村民小组成立了党支部，建起了文化大院。原来的小组管水员艾合买提·尤努斯被任命为党支部书记，在住村工作组的指导下服务和管理村民。阵地前移到了家门口，组里的群众不仅办事方便了，参加活动的积极性也更高了。

四、新疆农业大学“访惠聚”工作及成效

2014年以来，新疆农业大学精心挑选了一支政治素质好、工作作风实、管理能力强的管理和专业技术骨干队伍，涵盖行政管理、农牧业科技、思想政治教育、法律、双语教育等领域的专家学者，两批合计49名同志组成工作队，由校领导带队奔赴阿克苏地区阿瓦提县拜什艾日克镇库木艾日克管理区的索克满村等4个村开展住村工作，并以点带面把服务工作扩大到全县。

（一）发挥优势、突出重点，倾心做好“访惠聚”工作

工作队充分发挥自身优势，把现代农业科技带进住村点，通过举办培训班、召开现场会开展培训、指导农民农业生产。为村民传授牛羊育肥饲养管理、疾病防控及绵羊高频繁育技术，帮助村民提高规模化养殖综合效益；组织红枣、核桃等果树修剪、嫁接、施肥、越冬等相关管理技术培训，推广优质高产栽培技术、病虫害防治技术、产品加工技术，开展林果节水滴灌技术示范；开展美丽乡村建设，按照“一户一方案、一户一指导、一户一规划”的原则，为村民科学规划庭院，改造牲畜圈棚，实现种植区、养殖区、生活区“三区”分离。协调社会力量和学校资源为村民办实事，帮扶村民兴办缝纫店、饲料加工厂；争取项目资金为村民修建公路；为村小学建计算机室，捐赠课桌、书籍、文具、玩具、校服；为贫困村民捐资、捐衣、捐物解决生活难题；提供低廉优质化肥、玉米种发展生产。认真贯彻执行党的农村政策，协助村委会落实农村危房改造补助、棉花补助、农村养老、医疗、低保、教育等各项补贴，使广大农

民群众从“强农惠农富农”政策中得到实惠，感恩党和政府的关怀。组织村干部到我校培训，到疆内经济相对发达地区学习参观，帮助他们开阔眼界，增长见识，转变观念，树立开拓进取的信心；开办农民夜校，帮助青年农民学习掌握汉语知识和科学文化知识；选派8名大学生到村小学开展双语教学、开办汉语角，邀请村小学生到新疆农业大学附中开展“手拉手”活动，帮助村小学提升教育教学质量。据不完全统计，工作组入村以来，学校为“访惠聚”工作投入资金400多万元，工作组为住村点筹集资金、物资200多万元，协调争取资金800多万元。

新疆农业大学住阿瓦提县拜什艾日克镇索克满村工作组帮助有缝纫技能的村民巴哈尔古丽·阿布拉成立制衣店，工作组出资10万余元为她购买电动缝纫机、电脑等设备，并为她新盖了100多平方米的制衣工作坊，还指派住村干部协助她开展制衣店工作，引导她为制衣店注册商标、利用电商平台开网店扩大业务。制衣店的学徒及职工也从起初的5人增加到现在的22人。现有缝纫器材每年加工服装能力3700套，可实现产值18万元，利润收入预计达到5.5万元。在当地妇女中起到了示范效应。

新疆农业大学住阿瓦提县拜什艾日克镇玉斯屯克库木艾日克村工作组借助学校技术、人才优势，送科技上门，真干实干，促农业增效、农民增收、农畜增产。工作组争取资金近200万元，开展畜牧养殖示范、绵羊高效繁育技术推广和养殖基础配套建设。进行科学技术培训，培训畜牧兽医工作人员和养殖大户4000余人次，为村镇培养绵羊高效繁育技术人员10名，打造永不走的技术服务队。

（二）从源头上遏制宗教极端思想，全力推进“去极端化”

工作组把遏制宗教极端思想渗透作为重要任务，以现代文化为引领，以“五把钥匙”为根本工作方法，深入推进“去极端化”工作。成立了由专家、教授组成的宣讲团，定期面对面地对村民进行民族政策、宗教问题、法律法规等方面的思想教育，组织宗教人士和信教群众揭露宗教极端思想的反动本质，声讨驳斥“圣战殉教进天堂”的谬论。开展党课、团课教育活动，利用村委会大院、农家大院进行妇女专题教育。成立村民国旗班，组织村民每周一举行升国旗仪式，增强村民的国家认同感。组织共青团员唱团歌、重温入团誓词，增强青年团员的责任感。建立村广播站，村文化室、农民书屋、“聚心之家”，开展趣味运动会、文艺表演、劳动技能竞赛、小学生合唱比赛等活动，丰富当地群众的业余文化生活。工作组把惠民生与群众工作相结合，与维护社会稳定相结合，与“去极端化”工作相结合，让村民们切实感受到党和政府的关怀，进一步认清“三股势力”的危害，认识到和谐稳定的重要意义，削弱了宗教极端思想的影响，增强了现代文化气息，维吾尔民族的良好习俗又回来了，群众明辨是非的能力和抵御极端宗教思想渗透的意识有了明显增强，村民精神面貌和村容、村貌发生了可喜的变化。

新疆农业大学住阿克苏地区阿瓦提县拜什艾日克镇库木力克管理区工作组成立村民国旗班，使升旗仪式成为一项重要的爱国主义教育活动，同时成为彰显村团员青年精神面貌的一面旗帜，增强全体村民的爱国主义精神和“五个认同”意识。

（三）全面整顿软弱涣散基层党组织，夯实基层基础

工作组充分运用在学校基层党建工作中积累的经验，帮助软弱涣散基层党组织查找症结，协助当地党委调整、选好、配强基层党支部书记和“两委”班子，加强对基层干部的教育引导，手把手地教工作思路、工作方法和工作经验；建立“三位一体”“四位一体”工作机制，给村干部提要求，交任务，压担子，帮助他们改进工作作风，在工作实践中全面提升素质；指导基层党组织建立健全“三会一课”“三务公开”“两会两票”“村规民约”等制度，组建村民村务监督委员会，推进民主管理、决策、监督，提升了基层党组织的群众公信力；协助村委会深入开展村级组织“星级化”创建，针对每颗星对应的创建指标，找问题，提措施，促落实；加强村级组织硬件建设，千方百计筹集资金，为村级组织改善办公条件，建设活动场所，村民服务中心。面对基层错综复杂的矛盾和困难，工作组紧密依靠当地干部和群众，坚持用一把钥匙开一把锁，有针对性地解决问题，坚持与群众打成一片，发动群众，相信群众，依靠群众推进工作。在挖幕后、揭盖子的工作中，工作组深入细致地掌握各类重点人群的行为表现，分析研判其思想活动，有针对性地开展帮扶教育工作；运用信息化技术创建风险评价模型，提高村镇社会稳定形势研判能力；协助村委会落实部署严打暴力恐怖活动专项行动，使住村点在重大节点和敏感时期保持了稳定。

经过近两年的住村工作，住村点面貌发生了可喜变化，村民民心向党的凝聚力增强了，村容村貌整洁了，党支部、村委会的影响力、执行力提高了，村里文化娱乐活动丰富了，去极端化反恐维稳基础牢固了。在全校上下的共同努力下，新疆农业大学住村点的“访惠聚”工作取得了阶段性成果，得到了阿克苏地委行署、阿瓦提县委政府的高度评价。

【思考题】

谈谈你对“访惠聚”活动的认识。

【网站链接】

1. http://www.xinjiangyaou.com/special/2014/06/index.shtml　　新疆日报“访惠聚”专题

2. http://www.ts.cn/　　天山网

3. http://news.xjau.edu.cn/plus/list.php?tid=369　　新疆农业大学“访惠聚”专题

拓展阅读资料

新疆农业大学住村工作组：让妇女自信起来　发挥半边天作用

11 月 21 日，在阿瓦提县拜什艾日克镇索克满村村委会的活动大厅，模特队的姑娘们身着巴哈尔古丽·阿布拉制作的靓丽服饰走秀。

“如果没有工作组的帮助，我的梦想就是一个小制衣店。是工作组的干部们，帮助我有了更大的梦想。现在，我不仅要让全村的妇女穿上美丽的艾德莱斯裙，更要带领全村妇女同胞共同致富。”这是经常挂在巴哈尔古丽·阿布拉嘴边的一句话，这句话也并非一句空话。让巴哈尔古丽·阿布拉这么有信心的原因是，有一群支持她的人一直站在她身后，新疆农业大学住村工作队领队、新疆农业大学住索克满村工作组组长高发水就是其中之一。

11 月 21 日，在阿瓦提县拜什艾日克镇索克满村活动大厅，举办了一场时装秀。12 名模特身着民族婚纱、晚礼服正在走秀。模特们的脸上洋溢着自信的笑容，而在大厅一角，服装设计师巴哈尔古丽·阿布拉正紧锁眉头，忙着整理模特身上的衣服。看得出，她的心情还是有些紧张。但当高发水走进活动中心后，巴哈尔古丽·阿布拉的脸上立刻挂上了大大的笑容。

“高老师，快来看看我们的时装秀。”说着，巴哈尔古丽·阿布拉走到高发水身边，微笑着握手、寒暄。

而这简单的握手，在刚住村时，是不曾发生的事情。

今年 3 月，高发水带领新疆农业大学住索克满村工作组住村工作。工作组发现村里的妇女都很少出门，见了工作组都要躲开走。而在 4 月的一次“你的特长是什么”的调查中，村里的大多数妇女在特长一栏填写的是：摘棉花快、家务做得好、孩子带得好。

“看到这个结果，我们觉得必须得让村里的女性自信起来，发挥妇女半边天作用。”高发水说。

巴哈尔古丽·阿布拉就是让索克满村妇女自信起来的带头人。

“当时，我们在她家的一个小凉棚下，看到她正用老式的缝纫机缝制衣服，仔细一看，她做的都是时尚的民族服装，跟她聊过之后，觉得她有创业的想法。于是，我们就决定资助她成立裁缝店。”高发水回忆说。

为帮助巴哈尔古丽·阿布拉成立制衣店，工作组出资10万余元为她购买电动缝纫机20台、锁边机1台、电脑2台，并为她新盖了100多平方米的制衣工作坊，还指派两名住村干部协助她开展制衣店的工作，引导她为制衣店注册商标、利用电商平台开网店扩大业务。制衣店的学徒及职工也从起初的5人增加到现在的22人。20台电动缝纫机每年加工服装能力3700套，可实现产值18万元，利润收入预计达到5.5万元。

就在今年古尔邦节当天，巴哈尔古丽·阿布拉拿着自己熬夜做好的新衣服，送到了村里的贫困户群众家里。70岁的阿斯亚老人穿上新衣，热泪盈眶。

“很久没有收到过新衣服了，以前都是把以前的衣服改了又改，勉强穿。”阿斯亚老人说。

“我要把工作组对我的爱心帮助继续传播下去，以后您的衣服，我包了！”巴哈尔古丽·阿布拉拉着阿斯亚老人的手说。

巴哈尔古丽·阿布拉的制衣店不断走向正轨，她设计的衣服也成了索克满村的时尚标杆。对于索克满村的妇女来说，穿上一件巴哈尔古丽·阿布拉设计的衣服，就是好看。为了更好展示巴哈尔古丽·阿布拉的设计的服装，也为了让更多妇女走出家门，丰富村民的生活，在工作组的牵头下，索克满村成立一支模特队。

工作组还专门从镇上请来了从事过模特行业、有经验的老师。今年9月，老师给模特队集中培训了一个月，当时正值棉花的采摘旺期，大家希望老师把培训放到晚上。于是，她们白天摘棉花，晚上参加培训，没一个人落过培训。现在，索克满村模特队接到通知，将代表拜什艾日克镇参加阿瓦提县举办的模特比赛。

高发水说，在索克满村，巴哈尔古丽·阿布拉是一个标杆，她的制衣店不仅解决了农村青年妇女的就近就业问题，帮助更多的妇女掌握了生活技能，拓宽了群众增收致富的渠道，更带动了更多人的创业、致富梦想。

“是工作组、是高老师让我的梦想成真的，我打算在村里专门开一个培训班，来教授一些有手艺、有兴趣的妇女同胞们。还要把在家待业的农民妇女都吸引过来，既让她们增加收入，也使我的事业继续扩大发展。”巴哈尔古丽·阿布拉满怀信心地说。（来源：天山网，2015年12月9日）

阿不都外力的1928名朋友

“半年时间下来，走访了全村374户人家，结交了1928名农民朋友，穿烂了3双胶底鞋，4个厚本子记录了满满的民情日记……”在别人看来，是一些微不足道的数字，对于新疆农业大学住村干部阿不都外力·扎依尔老师来说，每一个数字后面，都有着极不寻常的故事。

从春寒料峭的初春三月到酷暑难耐的炎炎七月，阿不都外力·扎依尔每天坚持七点起来，洗漱完毕，就伏案记录当天的工作：村民三组吾斯曼家棉花地今天要滴灌浇水；村民四组阿布拉家的旧羊圈今天要出义务工进行改造升级；村民一组夏热汗大妈家的三亩地麦子该收割了……一行行工整的字迹，一本本厚厚的工作日记，每家每户的大事小情，都记录了下来。

他常常和工作组的同事调侃道："悄悄地我来了，挥一挥衣袖，抖落满身泥土。"乐观，积极，豁达的精神，感染着每一位住村同事。

在走访中，村民1组的群众反映有20户近200亩地的农田灌溉用水问题，从事水利设施研究多年的阿不都外力·扎依尔经过仔细查勘，提出了购买一台小型水泵、发电机的办法。既不影响春耕生产，又解决了农民春灌用水的难题。当看到灌溉用水流到自家农田时，阿合尼亚孜老人激动地说："这渠水，不仅流到了我家的田地，更流到了我的心底。"

索克满村人多地少，农作物采用大水漫灌方式，灌溉过程中用水、施肥效率很低，造成农作物产量、质量不高，直接影响到了农民收入的情况。今年劳动节那天，阿不都外力带领村民参观学习阿拉尔农一师十二连节水灌溉示范园区。回村后，找他咨询节水灌溉技术的群众络绎不绝，经过实地考察，帮助村民在村内建立了110亩的棉花节水灌溉示范田。

当得知贫困户买买提·卡力也有意愿进行节水灌溉苦于没有资金时，阿不都外力老师不仅为买买提提供了3000元的现金用于购买滴灌设备，还自己动手，安装了3亩辣椒地的节水灌溉膜下滴灌。每逢辣椒地滴灌浇水时，阿不都外力老师都会去田间地头指导，还细心的记录下了每一次的用水量、辣椒长势、下次滴灌时间。

几个月的辛勤付出，换来了秋的收获。9月是辣椒成熟采摘季节，红彤彤、绿油油的大辣椒挂满枝头。买买提将采摘的第一批辣椒送给工作组："阿不都外力老师不仅给我资金支持，还教会我科学节水灌溉技术，这不，在住村干部的辅导下，我种出了这火红的辣椒。"

工作组还出资以市场价格购买了200公斤的红辣椒，自制辣椒酱，既减轻了辣椒的销路问题，又调整了住村干部的饮食结构。

在入户走访中，工作组发现村民的院落占地面积大，但是庭院闲置、堆放杂物、利用率低。按照"一户一方案、一户一指导、一户一图纸"的原则，阿不都外力老师为每户村民量身定制，帮助家庭劳动力少的困难户出义务工，短短的四个月时间，35户的庭院经济示范户的院落整治工作已经初见成效，村民的菜地已经蔬菜满园，羊圈中也开始发展牛、羊养殖，房前屋后也打扫的干净整洁有序。

现在，全村的村民们由刚开始的被动式劝说变为了主动式加入。越来越多的村民主动找到工作组、村委会，希望工作组帮扶发展庭院经济。8月份，按照分片推进、重点帮扶、全面推广的方法，发展庭院经济工作在全村374户家庭中如火如荼全面展开。

新疆农业大学住索克满村工作组帮扶村民发展庭院经济的做法，对周边乡镇起到了示范效应。周边村队干部带领群众前来参观、学习，甚至还有乡镇干部组团来取经，阿不都外力老师都一一做详细介绍。他还热心的为其他乡镇的群众讲解发展庭院经济的步骤、方法、院落布局规划。

在半年的时间里，阿不都外力是36名队员中唯一一个没有休假的干部，工作组组长高发水常常劝慰阿不都外力老师，有机会休假回家看看。阿不都外力老师回答："村里就是家，群众是亲人，住村是事业。"淳朴的话语激励着每一个工作队员更加努力工作。（来源：天山网、昆仑网，2015年10月13日）

时政知识点

四 个 全 面

“四个全面”战略布局的提出不是一蹴而就的，而是建立在实事求是基础上逐渐发展起来的。2002 年，党的十六大提出了“一个全面”，即全面建设惠及十几亿人口的更高水平的小康社会。2013 年，十八届三中全会提出“全面深化改革”，将一个全面扩展为“两个全面”。2014 年，十八届四中全会提出：全面建成小康社会、实现中华民族伟大复兴的中国梦，全面深化改革、完善和发展中国特色社会主义制度，提高党的执政能力和执政水平，必须全面推进依法治国。将“两个全面”上升为“三个全面”。2014 年 12 月习近平总书记在江苏省调研时提出要“协调推进全面建成小康社会、全面深化改革、全面推进依法治国、全面从严治党，推动改革开放和社会主义现代化建设迈上新台阶”，新增了“全面从严治党”，将“三个全面”上升到了“四个全面”，从中可以看出，习近平总书记对于总体方略有着系统深邃的战略思考，有章有法，思路清晰。

“四个全面”包含着丰富的含义：四个全面之全面建成小康社会，即确保到 2020 年实现全面建成小康社会宏伟目标的时间表，以及经济持续健康发展，人民民主不断扩大，文化软实力显著增强，人民生活水平全面提高，资源节约型、环境友好型社会

建设取得重大进展等具体内涵。四个全面之全面深化改革，即 2013 年，中国共产党第十八届中央委员会第三次全体会议审议通过了《中共中央关于全面深化改革若干重大问题的决定》，提出“全面深化改革的总目标是完善和发展中国特色社会主义制度，推进国家治理体系和治理能力现代化”，并对经济体制改革、政治体制改革、文化体制改革、社会体制改革、生态文明体制改革和党的建设制度改革进行了全面部署。四个全面之全面依法治国，即 2012 年 11 月 8 日召开的中国共产党第十八次全国代表大会对全面推进依法治国作出重大部署，强调把法治作为治国理政的基本方式。2013 年 11 月召开的中国共产党十八届三中全会，通过了《中共中央关于全面深化改革若干重大问题的决定》，对加强社会主义民主政治制度建设和推进法治中国建设提出明确要求。四个全面之全面从严治党，即 2014 年 10 月，习近平总书记在党的群众路线教育实践活动总结大会上，进一步提出全面推进从严治党的要求，并对全面推进从严治党进行了部署。

“四个全面”的提出有着重要意义：第一，战略意义。“四个全面”其本质就是一种战略布局，这个战略布局，既是全面的，也是主动的。它蕴含了深刻的战略思想。将全面建成小康社会定位为“实现中华民族伟大复兴中国梦的关键一步”；将全面深化改革的总目标确定为“完善和发展中国特色社会主义制度、推进国家治理体系和治理能力现代化”；将全面依法治国论述为全面深化改革的抓手、定海神针和助推器；第一次为全面从严治党标定路径，要求“增强从严治党的系统性、预见性、创造性、实效性”。每一个“全面”，都是一整套结合实际、继往开来、勇于创新、独具特色的系统思想。第二，现实意义。“四个全面”坚持以问题为导向，是不断解决问题，化解矛盾，攻坚克难的行为纲领。它的背后，是党一以贯之的“问题导向”和“科学思维”，是高瞻远瞩的“全局视野”和“战略眼光”。它的重大意义概括说为：坚定了中国自信、立足于中国实际、总结了中国经验、针对于中国难题。正如习近平总书记指出的一样“它是从我国发展现实需要中得出来的，是从人民群众的热切期待中得出来的，是为推动解决我们面临的突出矛盾和问题提出来的”。

三 严 三 实

2014 年 3 月 9 日，习近平总书记参加第十二届全国人民代表大会第二次会议安徽代表团审议时，在关于推进作风建设的讲话中，提到“既严以修身、严以用权、严以律己，又谋事要实、创业要实、做人要实”的重要论述，称为“三严三实”讲话。

习近平总书记阐释了其含义：严以修身就是要加强党性修养，坚定理想信念，提升道德境界，追求高尚情操，自觉远离低级趣味，自觉抵制歪风邪气。严以用权就是要坚持用权为民，按规则、按制度行使权力，把权力关进制度的笼子里，任何时候都不搞特权、不以权谋私。严以律己就是要心存敬畏、手握戒尺，慎独慎微、勤于自省，遵守党纪国法，做到为政清廉。谋事要实就是要从实际出发谋划事业和工作，使点子、政策、方案符合实际情况、符合客观规律、符合科学精神，不好高骛远，不脱离实际。创业要实就是要脚踏实地、真抓实干，敢于担当责任，勇于直面矛盾，善于解决问题，努力创造经得起实践、人民、历史检验的实绩。做人要实就是要对党、对组织、对人民、对同志忠诚老实，做老实人、说老实话、干老实事，襟怀坦白，公道正派。要发扬钉钉子精神，保持力度、保持韧劲，善始善终、善作善成，不断取得作风建设新成效。

“三严三实”的提出有着重要意义：一是，有利于不断巩固夯实党的执政地位。回顾我们党由小到大、由弱到强的历史，之所以能夺取政权、巩固政权、长期执政，就是因为我们党能坚持严格的党性要求，用优良的作风密切联系群众。“得民心者得天下，失民心者失天下”。苏共这个有着 90 多年历史、连续执政 70 多年的大党，最后哗啦啦轰然倒塌，很多人都提出这个问题：为什么苏共在有 20 万党员时能够夺取政权，在有 200 万党员时能够打败法西斯侵略者，而在有近 2000 万党员时却丢失了政权？正是苏共党性的改变、作风的改变，导致了苏共与苏联解体的悲剧。知史才能通今，我们要从巩固夯实党的执政地位的政治高度，认识党性问题和作风问题，把“三严三实”深入到骨子里、融入进血液中，成为须臾不能忘记的根基和信条。二是，有利于更好的应对现实状况中不良现象。当下，随着以反对“四风”为重要内容的党的群众路线教育实践活动进一步深入，各级领导班子和领导干部作风明显好转。出实策、鼓实

劲、办实事，不图虚名，不务虚功，这是一大进步。但我们同时看到，形式主义、官僚主义、享乐主义和奢靡之风，在一些地方并未彻底扫清。少数领导干部理想信念动摇，宗旨意识淡薄，精神懈怠；贪图名利，弄虚作假，不务实效；脱离群众，脱离实际，不负责任；铺张浪费，奢靡享乐，甚至以权谋私、腐化堕落。这些问题尽管是老问题，尽管是少数，但依然损害党在人民群众中的形象，损害党群干群关系，这不仅与我们党的宗旨格格不入，也是党性不强、纪律不严的体现。三是，有利于更好的推进"四个全面"战略布局。党的十八大以来，以习近平同志为总书记的党中央提出的"四个全面"战略布局，涵盖了新形势下党和国家全局工作的关键环节、重点领域，主攻方向更加清晰，内在逻辑更加严密，是统领中国特色社会主义事业的总纲。协调推进"四个全面"战略布局是一项极为宏大的工程，零敲碎打调整不行，碎片化修补也不行，必须通过党员的优良作风来实践。完成这样一项全面、系统、伟大的执政使命，要求广大党员干部以鲜明的党性为灵魂和纽带，以"三严三实"为标准和对照，正自身、扬清风，从上到下、由内而外，形成集体意志、集聚共同力量，带领人民群众构建"最大公约数"，为实现中国梦而努力奋斗。

"互联网＋"

当前中国经济正处于转型升级的重要时期，面临增长放缓、生产过剩、外需不振等严峻挑战，"稳增长、促改革、调结构、惠民生"是当前经济社会发展的首要任务，创新驱动正在成为我国经济发展的新引擎。互联网自1994年接入中国以来，中国互联网企业通过不懈的创新发展已跻身世界前列，为我国信息经济发展奠定了坚实的基础。同时，由于互联网具有打破信息不对称、降低交易成本、促进专业化分工、优化资源配置和提升劳动生产率的特点，为我国经济转型升级提供了重要的途径和发展机遇。

伴随着新的社会机遇和挑战，抢占经济制高点，促进大众创业、万众创新，提升公共服务水平，必须走互联网融合创新之路。

2012年11月14日的易观第五届移动互联网博览会上，易观国际董事长兼首席执行官于扬先生首次提出了“互联网＋”理念。

2015 年 3 月 5 日，在第十二届全国人民代表大会第三次会议上，李克强总理在政府工作报告中首次提出“互联网＋”行动计划。他指出，“互联网＋”行动计划将推动移动互联网、云计算、大数据、物联网等与现代制造业结合，促进电子商务、工业互联网和互联网金融健康发展，引导互联网企业拓展国际市场。至此，“互联网＋”站在了中国社会经济发展的风口浪尖之上。

“互联网＋”的本质是，以互联网为主的一整套信息技术（包括移动互联网、云计算、大数据技术等）在经济、社会生活各部门的扩散、应用过程。“互联网＋”中的“＋”是加传统行业的各行各业，“互联网＋”模式，从全面应用到第三产业，形成诸如互联网金融、互联网交通、互联网医疗、互联网教育等新业态，而且正在向第一和第二产业渗透。“互联网＋”就是把互联网的创新成果与经济社会各领域相融合，推动技术进步、效率提升和组织变革，从而提升实体经济创新力和生产力。

实际上，“互联网＋”不仅仅是互联网的移动与泛在，以及与传统行业的融合及应用，更加入了无所不在的计算、数据、知识，造就了无所不在的创新，也引领了创新驱动发展的“新常态”。“互联网＋”是创新 2.0 下互联网发展新形态、新业态，是知识社会创新 2.0 推动下的互联网形态演进。伴随知识社会的来临，驱动当今社会变革的不仅仅是无所不在的网络，还有无所不在的计算、无所不在的数据、无所不在的知识。“互联网＋”不仅仅是互联网移动了、泛在了、应用于某个传统行业了，更加入了无所不在的计算、数据、知识，造就了无所不在的创新，推动了知识社会以用户创新、开放创新、大众创新、协同创新为特点的创新 2.0，改变了我们的生产、工作、生活方式，也引领了创新驱动发展的“新常态”，是未来中国经济发展的最重要引擎。

“互联网＋”引领社会经济发展主要体现在如下几个方面：

（1）“互联网＋”成为产业转型升级和融合创新的重要平台

在广度上，“互联网＋”正在以信息通信业为基点全面应用到了第三产业，形成了如互联网金融、互联网交通、互联网教育等新业态，并正在向第一和第二产业渗透，如工业互联网正在从消费品工业向装备制造和能源、新材料等工业领域渗透，将全面推动传统工业生产方式的转变；农业互联网也在从电子商务等网络销售环节向生产领域渗透，将为农业带来新的机遇，提供广阔发展空间。在深度上，“互联网＋”正在从信息传输逐渐渗透到销售、运营和制造等多个产业链环节，并将互联网进一步延伸，通过物联网把传感器、控制器、机器和人连接在一起，形成人与物、物与物的全面连接，促进产业链的开放融合，将工业时代的规模生产转向满足个性化长尾需求的新型生产模式。

（2）“互联网＋”推动产业生态共赢，促进大众创业、万众创新

创新是互联网发展的生命线，如以微信为代表的“快速迭代式”创新模式，迅速满足用户需求、解决用户痛点，同时通过开放接口和开放平台，推动了“生态协同式”的产业创新，带来了新产品、新模式与新生态，促进了大众创业、万众创新。腾讯、阿里巴巴、百度、小米等一批平台型的互联网企业已形成了一定规模的产业生态系统，基于这些平台又创造出了新业态，如O2O（线上与线下结合）、移动支付、可穿戴设备等。各平台将用户资源和技术资源开放给合作伙伴，通过大数据分析和个性化营销，降低了中小微企业与创业者进入市场的门槛，提高了创业成功率，形成了互利共生的生态系统。

（3）“互联网＋”整合并优化公共资源配置，极大地惠及民生

“互联网＋”通过打破信息不对称、减少中间环节，提升劳动生产率，从而提升资源使用效率。通过“互联网＋”的发展，将公共服务辐射到更多有需求的群体中去，提供跨区域的创新服务，为实现教育和医疗等公共稀缺资源均等化提供全新平台。如互联网教育打破了国内地域限制，并连接了全球的优质教育资源，为三、四线城市及偏远农村的学生提供了新的选择。同时，“互联网＋公共服务”的模式可以提升政府服务能力，提高效率，便利民众。

（4）“互联网＋”行动指导意见出台，催生经济新格局

2015年7月4日，国务院发布《关于积极推进“互联网＋”行动的指导意见》，明确未来三年以及十年的发展目标，提出包括创业创新、协同制造、现代农业、智慧能源等在内的11项重点行动，并就做好保障支撑进行了部署。这一顶层设计将加快推进“互联网＋”的发展，有利于形成经济发展新动能，催生经济新格局。

到2018年，互联网与经济社会各领域的融合发展进一步深化，基于互联网的新业态成为新的经济增长动力，互联网支撑大众创业、万众创新的作用进一步增强，互联网成为提供公共服务的重要手段，网络经济与实体经济协同互动的发展格局基本形成。到2025年，网络化、智能化、服务化、协同化的“互联网＋”产业生态体系基本完善，“互联网＋”新经济形态初步形成，“互联网＋”成为经济社会创新发展的重要驱动力量。

一带一路：新疆经济新引擎

2013年9月7日，习近平主席在哈萨克斯坦纳扎尔巴耶夫大学发表重要演讲，首次提出了加强政策沟通、道路联通、贸易畅通、货币流通、民心相通，共同建设

“丝绸之路经济带”的战略倡议，以点带面，从线到片，逐步形成区域大合作；2013年10月3日，习近平主席在印度尼西亚国会发表重要演讲时明确提出，中国愿同东盟国家加强海上合作，使用好中国政府设立的中国—东盟海上合作基金，发展好海洋合作伙伴关系，共同建设21世纪“海上丝绸之路”。2013年11月9日至12日，党的十八届三中全会在北京召开，“一带一路”被写入十八届三中全会决定，强调要加快同周边国家和区域的基础设施的互联互通建设，推动丝绸之路经济带和21世纪海上丝绸之路的建设，形成全方位开放的新格局，至此，“一带一路”建设，上升为国家战略高度。

新疆地处亚欧大陆地理中心，是向西开放的桥头堡，是丝绸之路经济带上的重要节点、核心地区。在“一带一路”战略中处于得天独厚的优势地位，“一带一路”建设中，新疆大有可为。

一带一路（英文：the Belt and Road，缩写 B&R），是指“丝绸之路经济带”和“21世纪海上丝绸之路”，“一带一路”不是一个实体和机制，而是合作发展的理念和倡议，是充分依靠中国与有关国家既有的双多边机制，借助既有的、行之有效的区域合作平台，旨在借用古代“丝绸之路”的历史符号，高举和平发展的旗帜，积极主动地发展与沿线国家的经济合作伙伴关系，共同打造政治互信、经济融合、文化包容的利益共同体、命运共同体和责任共同体。

2014年博鳌亚洲论坛年会开幕大会上，中国全面阐述了亚洲合作政策，并特别强调要推进“一带一路”的建设。“一带一路”规划，被认为是“中国版马歇尔计划”的战略载体。

2015年发布的《推动共建丝绸之路经济带和21世纪海上丝绸之路的愿景与行动》，近9000字的文件系统勾勒出“一带一路”路线图，标志着“一带一路”步入全面推进阶段。以互联互通为抓手，以金融合作为前导，激发大市场活力，共享发展新成果。

“一带一路”三条主线：

一条北线：北京—俄罗斯—德国—北欧；

一条中线：北京—西安—乌鲁木齐—阿富汗—哈萨克斯坦—匈牙利—巴黎；

一条南线：泉州—福州—广州—海口—北海—河内—吉隆坡—雅加达—科伦坡—加尔各答—内罗毕—雅典—威尼斯。

古丝绸之路是东西方友谊的桥梁、贸易的通道和互通有无的纽带。建设丝绸之路经济带是中央作出的一项重大战略决策，是古丝路精神的继承和弘扬，将促进沿线国家的经济发展，顺应沿线各国搭上中国经济快车的愿望，是一项造福沿线各国人民的大事业，也体现了大国担当。

新疆地处亚欧大陆地理中心，是向西开放的桥头堡，是丝绸之路经济带上的重要节点、核心地区。新疆周边同八个国家接壤，目前有17个国家一类口岸以及喀什、霍尔果斯两个国家级经济技术开发区。新疆与周边国家经济相融、人文相亲，具有向西开放的独特优势，既可以服务周边国家，又可以服务沿线各省区市，发挥丝绸之路经济带核心区的特殊作用。

建设丝绸之路经济带，是打造新疆经济升级版的新引擎，能够形成新的亚欧商贸通道和经济发展带，带动新疆社会经济快速发展。

“一带一路”引领下，新疆经济结构转型升级主要体现在以下四个方面：

（1）物流投资热点

物流领域，把握一带一路战略，布局新疆，抢占先机，已成为业内共识。新疆在一带一路战略中起到桥头堡作用，链接中亚与欧洲一带，需要交通物流等各方面支持。新疆发改委积极落实建设丝绸之路经济带核心区各项优惠政策。而事实上，由于自然条件欠佳，新疆基础设施落后，技术水平低，物流观念陈旧，其物流业一直处于初级发展阶段，大部分的物流企业未能实现物流信息化或者信息化水平很低，仅能提供简单的物流送货、仓储保管等基本功能。

广阔的前景、优惠的政策、激进的需求和落后的现状使新疆成为新一轮物流投资热点，安能、华宇、德邦等大型物流平台进驻新疆。据悉，新疆将建成奎屯欧亚国际物流中心、乌鲁木齐（昌吉市）国际物流中心、霍尔果斯（伊宁）现代国际物流中心、温宿（阿克苏）现代国际物流中心、喀什现代等国际物流中心。届时将全面形成新疆物流全产业链生态圈。

（2）开创“向西开放”新格局

改革开放以来，东部沿海地区依托地缘优势实现了经济的快速发展。新疆这样的内部省份离沿海地带较远，没有充分享受到改革开放带来的红利。“一带一路”以新疆为枢纽，向西链接中亚、中东以及欧洲，促进亚欧大陆内部地区的经济贸易合作。这种向西开放的新格局，使新疆从开放的边缘变成开放的前沿地区。

“一带一路”时代背景下，为推进与中亚各国的合作，国家在新疆实行海关无纸化通关改革以及海关、检疫部门的关检合作“三个一”等便利通关措施，大大提高了公司通关效率，降低通关费用，加强与中亚等国家的合作，改变了新疆依托东部地区发展的形式，为经济腾飞提供了新动力。

（3）跨境电商的发展

新疆与8个国家接壤，国内与周边国家都是互补性很强的市场，具有开展电子商务的内生动力。新疆地处丝绸之路经济带核心，未来跨境电子商务机遇优势明显。

面对中国与中亚地区跨境电商的新机遇，新疆维吾尔自治区商务部门首先加快了外贸公共服务平台建设。新疆将重点扶持5～10家跨境电子商务服务平台，对于电子商务服务企业给予一定的资金扶持，同时争取将乌鲁木齐等城市纳入国家跨境电子商务示范城市。物流方面，以乌鲁木齐陆路港为第四方物流服务体系建设为契机，建设线上线下多种信息服务平台，整合线下国际陆路、铁路以及航空配套物流资源，吸引国内外大型物流企业进驻新疆，为电子商务提供有力支持。同时，拓展电子口岸服务功能，推动跨境物流区、进出口商品集散地及跨境电子口岸建设。

（4）边境游的发展

新疆作为一带一路上的一颗璀璨明珠，具有独特的地缘优势、人文优势和区位优势，为开展边境游和一带一路旅游区建设提供了广阔的空间以及前景。

一是政策优势。"一带一路"建设的重大战略构想，为新疆发展提供了强大而持久的动力。第二次中央新疆工作座谈会提出：开发跨境旅游精品和线路，将新疆建设成为"一带一路"旅游集散中心。**二是互联互通优势**。中国正在积极推动与中亚国家间建成铁路、公路、航空、电信、电网、能源管道的互联互通网络，发展与中亚国家的资金流、物流、人流和信息流等方面的合作，激活新的经济增长点。**三是区位优势**。新疆地处亚欧大陆中心，与8个国家接壤，有5600公里的边境线，拥有17个国家一类陆路开放口岸和2个航空口岸，古丝绸之路的南、北、中三条通道全境通过，是我国向西开放的国门和窗口。**四是人文优势**。新疆作为"一带一路"上东西方多元文化的交汇点，经过长期的相融共生发展，形成了独特的地域文化和民族文化。**五是市场潜力优势**。古丝绸之路在一定意义上也是一条古旅游之路，在现代旅游意义上具有独特的吸引力。依托独特的旅游优势，新疆目前已经开通了塔城边境游、中哈边境游、巴克图口岸边境游、霍尔果斯口岸边境游等，未来还可与丝绸之路国家合作，合同开发"丝绸之路"旅游带。

亚洲基础设施投资银行

亚洲基础设施投资银行（Asian Infrastructure Investment Bank，AIIB），简称亚投行，是一个政府间性质的亚洲区域多边开发机构，是政府间性质的区域多边开发金融机构，重点投资领域将包括交通、能源、通信等基础设施建设，致力于促进亚洲地区互联互通，总部设在北京。亚投行法定资本1000亿美元。2013年10月2日，习近平主席提出筹建倡议，2014 年 10 月 24 日，包括中国、印度、新加坡等在内 21 个首批意向创始成员国的财长和授权代表在北京签约，共同决定成立亚洲基础设施投资银行。2015 年 3 月 12 日，英国正式申请加入亚投行，成为首个申请加入亚投行的主要西方国家。截至 2015 年 4 月 15 日，法国、德国、意大利、韩国、俄罗斯、澳大利亚、挪威、南非、波兰等国先后已同意加入亚洲基础设施投资银行，已有 57 个国家正式成为亚投行意向创始成员国，涵盖了除美国之外的主要西方国家以及除日本之外的主要东方国家。亚投行是中国发起的服务于亚洲地区的公共产品，它不仅有益于中国，更符合亚洲乃至全球的经济利益。

对于中国而言，首先，为“一带一路”提供资金融通。随着“一带一路”战略的逐步落地，中国外交的思路逐渐显现。亚投行的成立标志着中国面对激烈的国际竞争和低迷的世界经济形势主动谋划未来发展方向。“一带一路”是一项具有经济、政治、文化、安全、宗教等多重意义的综合设计，经济是最首要的，而资金融通是重要支撑，亚投行将为沿线国家基础设施有关项目提供投融资支持。其次，设立亚投行进行区域内及跨区域的金融合作，能够同时缓解中国乃至其他国家外汇储备低收益与亚洲基础设施融资缺口。亚投行有效聚集区域内及国际间的闲散资金，将有助于加强各国资金供求配置的效率。再次，加速人民币国际化。亚投行可发挥助推一国货币国际化的作用，特别是有助于扩大人民币跨境结算和货币互换的规模，帮助人民币最终实现国际化。在亚投行的资本构成中，人民币应是重要组成部分，这就便于使用人民币对亚洲基础设施互联互通建设进行贷款和投资，形成一个以实体经济为后盾支持人民币走出去，又以人民币走出去为杠杆拉动需求的良性循环。最后，强化中国的规则制定权。从过去到现在，发达国家一直是全球规则的缔造者和主导方。而亚投行的建立则是中国主动在亚太地区规则制定权中迈出了一步，在中国领衔下，发达国家与发展中经济体共同制定投融资规则，由此改变世界银行和亚洲开发银行在发达国家主导下制定国际标准的旧有格局。

对于亚洲乃至全球而言，首先，补充完善现行国际发展融资体系。一方面能继续推动国际货币基金组织（IMF）和世界银行（WB）的进一步改革，另一方面也是补充当前亚洲开发银行（ADB）在亚太地区的投融资与国际援助职能。亚投行将弥补亚洲发展中国家在基础设施投资领域存在的巨大缺口，减少亚洲区内资金外流，提高亚洲资本的利用效率及对区域发展的贡献水平。基础设施投资是经济增长的基础，在各类商业投资中潜力巨大，增长带动力强。其次，促进亚洲经济融合和一体化发展。东亚、南亚国家与中、西亚国家缺乏互联互通，这不仅束缚了各国自身的经济发展空间，而且已经成为制约亚洲国家合作共赢进而实现亚洲整体崛起的重要障碍。因此，中国主导下的亚投行旨在盘活整个亚洲地区的经济、金融发展，最终形成一个真正意义上的“亚洲经济圈”。最后，加快国际金融秩序改革的步伐。二战后，美国通过所谓的“三根支柱”——国际货币基金组织、世界银行和关税与贸易总协定（GATT）掌握了全球经济、金融体系的主导权。与此相对应的则是广大发展中和新兴市场国家经济的迅速崛起。而现行的以美国为核心、以“七国集团”（G7）为主体的全球金融治理结构却无法反映广大发展中国家的利益诉求。在此背景下，中国提出筹建亚投行是在新思维、新规则和新框架下推动国际金融秩序的改革，使其向更加合理的方向转变。

欧洲难民潮

联合国难民署2015年10月公布，已有超过50万的难民进入希腊，预计两年内至少将有85万人通过地中海前往欧洲。一场第二次世界大战以来最为严重的难民危机正在席卷欧洲大陆。越来越多的难民蜂拥而至，难民意外死亡的悲剧频频传来，这都让欧洲各国措手不及，坐立不安。难民最大的来源地是叙利亚、阿富汗、索马里、伊拉克和一些非洲国家，其中一半以上来自叙利亚。2014年《全球趋势报告》指出，在2014年产生的1950万全球难民中，来自叙利亚的难民达到388万，阿富汗259万，索马里111万。从总体来看，有六条进入欧洲的路线，分别是：地中海西线（从阿尔及利亚到西班牙）、地中海中线（从突尼斯和利比亚进入意大利）、地中海东线（从土耳其进入希腊）、巴尔干西线（从希腊到欧洲国家的匈牙利等）、欧洲东部边界线（从乌克兰到匈牙利等）、巴尔干东线（从阿尔巴尼亚到希腊）。依据欧洲边防局提供的2014—2015年（1～7月）进入欧洲的相关数据，进入欧洲国家的难民是全球难民的重要组成部分，主要来自西亚、特别是来自叙利亚和阿富汗，进入欧洲的路线主要是从突尼斯和利比亚进入意大利的地中海中线、从土耳其进入希腊的地中海东线以及从希腊到欧洲国家的匈牙利的巴尔干西线。

诱发2015年欧洲难民潮的直接原因是持续已久的叙利亚内战、动荡不定的西亚北非局势以及“伊斯兰国”（IS）活动的猖獗。在引发难民潮的叙利亚、利比亚、阿富汗内乱背后，是这些国家和地区根深蒂固的种族、宗教矛盾及不同势力集团政治上的争权夺利。此外，域外不同势力的介入，特别是以美国为首的西方国家对中东的不当干涉，是扩大当地种族、宗教矛盾等社会问题的重要原因。域外大国的卷入打乱了原有的力量格局，却没有建立起所在国家和地区新的稳定，反而使已有的宗教、种族矛盾扩大化，包括伊斯兰极端势力与西方国家的对立，以及西方文化与非西方文化的对立。西方国家推动的所谓“颜色革命”对西亚北非地区的持续动荡与冲突升级起了非常重要的作用。事实证明，通过强制性军事干预来推行西方政治制度和价值观的做法并没有给当地国家带来可持续的和平与发展，相反却是旷日持久的动荡与冲突。

此次难民潮的影响既有短期性的，也有长期性的，且体现在政治、经济、社会及安全的方方面面。此次难民潮影响的也不仅仅是欧洲国家、难民产生国和地区，美国、澳大利亚、加拿大等许多国家也都受到此次难民潮的冲击，并在如何应对难民问题上面临严峻考验。

对于叙利亚、阿富汗这样的难民输出大国来说，大量人口作为难民流出，进一步影响到这些国家的稳定及战后的重建进程。难民中相当一部分是该国的中产阶级或精英阶层，包括受过高等教育的学者、政府公职人员、技术人员等。这些人员的流失显然会对技术人力资源紧缺的难民输出国带来消极影响。而对于大量迁徙中的难民人群，在到达目的国的途中将面临各种危险，“死亡之路”的悲剧不断发生。难民人群的流动也增加了人口贩卖、非法武器、毒品交易等犯罪活动，并为极端分子、恐怖分子的滋生和隐藏提供了条件。难民人群因此成为最缺乏保护、最容易受到攻击的人群。

难民潮对于欧洲而言，机遇与挑战并存。有利的方面在于，若欧洲合理处理难民潮问题则会树立良好的国际形象，同时也可以解决欧洲面临的因老龄化导致的劳动力不足的问题。然而，此次难民潮对欧洲的消极影响是显而易见的。首先，安置和救援难民需要承担巨大的经济负担，在人力、财力、物力方面需要大量的投入。从目前情况看，在国内政治与安全形势没有改善之前，涌入的难民很难短期内返回，这将对欧洲福利国家的就业、医疗、教育、养老在内的社会保障体系构成不小的压力。其次，难民涌入对欧洲国家更深层次、更长远的影响在于社会、政治和安全方面。在大量难民中，一方面由于疏于身份认定，难民中有混入极端分子、恐怖分子的可能，为日后埋下无穷隐患。另一方面，面对生活压力和身份困境，难民会寻找一切机会去满足生活上的需求，试想如果合法手段不能满足这种需求，一些难民难免会铤而走险，参与盗窃、贩毒等犯罪活动，对社会治安构成威胁。难民或移民造成的安全隐患及其他负面影响，又会引起接收国民众的担忧和恐惧，从而诱发对难民人群的歧视与仇恨，这会成为社会稳定的一大隐患。最后，难民潮也导致接收国政治环境的恶化。围绕如何接收、安置和对待难民，不同党派和群体之间的关系出现紧张，国内政治与社会面临更大的分裂。每当难民问题出现，欧洲国家的民粹主义、极端主义势力便会上升。此外，在这场难民潮的风暴中，欧盟组织机制及难民应对机制也同样面临考验。在接纳难民分摊、边境控制等问题上，欧盟国家之间已经出现了分歧。

难民问题是一个关联性极强的问题，正如此次欧洲难民潮问题涉及接收国、输出国、途经国方方面面的关系。作为一个区域性和全球性问题，难民潮也考验着区域组织和联合国等全球组织的作用。总之，难民潮的应对和解决是一项复杂的多边、多层、多领域的治理工程。

新疆辉煌 60 年

1955 年 10 月 1 日新疆维吾尔自治区成立，60 年来，新疆各族人民携手共进，团结奋斗，在经济建设和各项社会事业取得了令人瞩目的辉煌成就。

一、从数字观总体

新疆综合实力变化：地区生产总值（GDP）1955 年为 12 亿元，2014 年达 9273 亿元；人均生产总值 1955 年为 241 元，2014 年达 40648 元；地方财政一般预算收入 1955 年为 2 亿元，2014 年达 1282 亿元；固定资产投入 1955 年为 3 亿元，2014 年达 9745 亿元。

新疆工农业主要产品产量变化：粮食产量 1955 年为 147 万吨，2014 年达 1391 万吨；棉花产量 1955 年为 3 万吨，2014 年达 451 万吨；原油 1955 年为 3 万吨，2014 年达 2875 万吨；发电量 1955 年为 1 亿千瓦时，2014 年达 2091 千瓦时；钢材 1955 年为 1 万吨，2014 年达 1567 万吨。

新疆各族人民生活变化：城镇居民家庭人均可支配收入 1978 年为 319 元，2014 年达 21881 元；农村居民家庭人均纯收入 1978 年为 119 元，2014 年达 8114 元；社会消费品零售总额 1955 年为 6 亿元，2014 年达 2437 亿元；城乡居民储蓄存款余额 1955 年为 1 亿元，2014 年达 6188 亿元。城市人均住宅建筑面积 2009 年为 27.2 平方米，2014 年达 30.6 平方米；每千人拥有医院卫生床位数 1955 年为 0.4 张，2014 年达 6 张；普通高等学校在校学生 1955 年为 0.2 万人，2014 年达 30.8 万人。

二、经济腾飞强实力

（1）新型工业化发展

2014 年，新疆原油产量 2875.28 万吨，天然气产量 296.7 亿立方米，折合油气当量 5070 万吨，这是新疆石油工业油气年产当量首次突破 5000 万吨。据新一轮全国油气资源评价，新疆预测石油资源量为 228 亿吨、天然气资源量为 14 万亿立方米，总油气当量350亿吨。新疆被称为中国石油天然气的“希望之海”，是中国石油工业战略接替地区。新疆建成了具有炼油、乙烯、化肥、合成树脂等综合生产能力的石油化工体系，目前可生产320多种石油化工产品，产品远销国内外。

新疆矿产资源丰富，种类多，储量大，是国家重要的矿产资源基地。目前，已发现矿产142种，其中已查明有资源储量的矿种98种，储量居全国首位的5种，居前五位的21种，居前十位的41种。

新疆充分发挥能源资源优势，围绕国家能源资源陆上大通道建设，加快电网建设。2014年1月，疆内首条特高压直流输电工程（哈密—郑州，±800千伏）正式投运送电，新疆电网迈入了特高压电网时代，2014年全疆累计外送电量175.2亿千瓦时。

新疆积极发展新能源和可再生能源，优化了能源结构。2014年新疆电力装机达到5549万千瓦，其中风电803万千瓦，光伏发电326万千瓦，新能源装机容量占全区电力总装机的20.5%。

（2）农牧业快速发展

按照党的十八大关于加快发展现代农业、增强农业综合生产能力的要求，自治区党委、人民政府提出把新疆建设成为国家粮食安全后备基地，国家优质农产品基地、优质畜产品、特色林果基地，农牧产品生产和精深加工出口基地的目标，坚持以农业增效、农牧民增收为重点，加快转变新疆农业发展方式，新疆正由农牧业大区向农牧业强区转变。

2009年新疆粮食产量1152万吨，2014年新疆粮食总产量达到1391万吨，人均占有粮食保持在609公斤，除自给有余外，还可少量销往内地省市。新疆棉花生产形成了叶尔羌河流域、塔里木河中下游地区、准噶尔盆地南缘三大优势棉产业带，成为全国最大的优质棉生产基地，年产棉花451万吨，总产量占全国棉花总产量70%以上，棉花种植面积、总产、单产、商品调拨量连续21年位居全国首位。

2009年新疆棉花产量252万吨，2014年达451万吨。按照第二次中央新疆工作座谈会发展纺织服装产业带动就业的部署，新疆采取多项措施和差别化政策，纺织服装产业快速发展，成为扩大就业的重要渠道。2014年纺织工业总产值达228.48亿元，规模以上企业实现工业增加值46.73亿元，纺织服装产业从业人员达25万人。

新疆瓜果驰名中外。2009年新疆水果产量565万吨，2014年达920万吨。新疆林果业发展“风景这边独好”。林果业已成为新疆支柱产业之一。2014年，新疆林果业面积突破2200万亩，林果业收入占农民人均年收入的20%左右。

新疆是我国的畜牧大区之一。新疆坚持扶优扶强，畜牧业规模养殖步伐明显加快，牲畜品种改良稳步推进，经济效益明显提升，畜牧产业的支柱地位更加凸显。新疆主要畜产品产量2009年达到禽蛋23万吨、肉类115万吨、牛奶121万吨，2014年达到禽蛋31万吨、肉类149万吨、牛奶148万吨。

（3）基础设施铸筋骨

按照中央新疆工作座谈会关于推进新疆基础设施建设的要求，自治区党委、人民政府立足新疆长远发展和可持续发展需要，按照适度超前的原则，加快建设一批事关新疆经济发展全局的重点基础设施建设项目，为社会稳定和长治久安构建起了钢筋铁骨。以库尔勒—格尔木为标志的南通道已开工建设，哈密—额济纳、北屯—准东等北通道重点工程即将开工，初步形成新疆内引外联三大通道格局，“四横四纵”的铁路路网主骨架基本构建，构成了贯通东西，连接南北疆、衔接内地、沟通欧亚的铁路运输干线。

三、社会进步奔未来

自治区党委、人民政府切实把保障和改善民生作为新疆经济社会发展的首要目标，大力推进科技进步创新，坚持教育优先、培养优秀人才，发展医疗卫生体育事业，推进城乡社会保障体系建设，建立起符合区情、覆盖城乡、持续发展的社会公共服务体系，使各族群众在改革发展中得实惠，走向共同富裕、走向现代文明。

（1）科技创新，驱动发展

贯彻“自主创新、重点跨越、支撑发展、引领未来”的科技发展指导方针，新疆科技进步和创新取得显著成就。2014年自治区重大科技成果246个、自治区科技奖励成果134个。2014年新疆专利申请量10210件、专利授权量5238件。新疆科技成果加速涌现，累计取得重大成果10161项，获得国家和自治区奖励的成果4815项，科技支撑引领经济社会发展作用日益凸显。新疆现有中国工程院院士7名，荣获自治区科学技术进步奖特等奖14人、突出贡献奖25人。

（2）百年大计、教育为本

自治区坚持“以现代文化为引领、以科技教育为支撑”的具体战略选择，牢固树立“教育立区、人才强区”理念，明确“建设教育强区”的目标，始终把教育放在优先发展的战略地位。新疆学前教育实现重大突破，学前三年毛入园率由2009年51%提高到2014年72%，累计有220万适龄幼儿受益。中央和自治区累计投入52.37亿元，建成2319所农村双语幼儿园。2014年新疆学前三年毛入园率72.42%，小学学龄儿童净入学率99.81%，初中阶段适龄少年净入学率98.37%，高中阶段毛入学率83.95%，高等教育毛入学率31.07%。

实施“两免一补”[1]政策，使边远贫困地区学生更多地享有教育公平。职业教育进入快速发展阶段，“三免一补”[2]政策有效实施，基础能力显著提升。在国家和内地省市的大力支持下，目前以内地新疆高中班、内地新疆中职班和协作计划等培养形式，在内地发达省区就读的新疆籍少数民族学生人数已达10万余人，分布在中国内地20多个发达省市的近600所学校，形成了多层次、跨区域的办学体系。

2014年新疆高等教育学校数：研究生培养单位11所，普通高等学校39所，成人高等学校7所。2014年新疆高等教育在校学生数：研究生17246人，普通高等学校本专科学生290418人，成人高等学校学生88374人，到新疆的外国留学生3035人。

四、高奏民生大乐章

自2010年以来，新疆连续六年实施“民生建设年”，2010—2014年，共有232个民生建设项目先后纳入重点民生工程序列。新疆每年用于民生的支出占公共财政预算支出的70%以上。

（1）扶贫攻坚、富民安民

新疆坚持“划分区域、分类扶持、整村推进、连片开发、完善机制”的扶贫开发工作方针，以南疆三地州、边境地区、贫困山区为扶贫攻坚主战场，进一步改善了民生，促进了发展，缩小了差距。2010—2014年，中央和自治区累计向新疆贫困地区投入财政专项扶贫资金118亿元，累计减少贫困人口166万人，2014年新疆贫困地区农牧民人均纯收入达到6690元，比2009年提高3712元，年均增收17.6%。

（2）“水利兴则新疆兴”

截至2014年，新疆建成水库617座，水库总库容162.85亿立方米，各类水利工程年供水能力超过465亿立方米。

（3）定居兴牧，铺展锦绣

自治区定居兴牧工程实施以来，经过五年努力，已惠及10.6万户游牧民。昔日逐水草而居的牧民在家园变迁中，感受到的不仅是舒适和富裕，更多的是幸福与尊严。

（4）安居富民，喜气盈门

新疆全面启动实施安居富民工程，四年惠及480万人。在国家住房和城乡建设部、

---

〔1〕“两免一补”是指向农村义务教育阶段的贫困家庭学生免费提供教科书、免除杂费，并给寄宿生补助一定生活费的一项资助政策。

〔2〕“三免一补”是指对中等职业教育（含技工）的学生实行免学费、免住宿费、免教材费，并给予生活费补助的一项资助政策。

国家发改委、财政部综合考评中，新疆安居富民工程连续四年荣膺全国榜首。2011—2014年年底，中央、自治区、援疆省市累计投入资金986.32亿元，完成富民安居工程123万户。

60年峥嵘岁月，在历史的长河中只是短暂的一瞬间。六十载春华秋实，在新疆历史上写就了辉煌的篇章。庆祝自治区成立六十华诞，新疆各族人民将倍加珍视团结、倍加维护稳定、倍加求真务实、倍加奋发有为，谋长远之策、行固本之举、建久安之势、成长远之业，为实现中华民族伟大复兴的中国梦，创造新疆更加美好的明天而努力奋斗！

五把钥匙

“五把钥匙”，是治理新疆社会的一种方式，是新疆针对当前社会现状和形势提出的适合解决新疆问题的一项治理办法。“五把钥匙”是指：思想的问题用思想的方法去解决，文化的问题用文化的方式去解决，习俗的问题用尊重的态度去对待，宗教的问题按照宗教的规律去做好工作，暴恐的问题用法治和严打的方式去解决。

“五把钥匙”最早是在2014年1月17日自治区“两会”上初步提出。2014年10月3日、10月10日，张春贤书记在吐鲁番、伊犁等地调研时完整提出了“五把钥匙”的理念。2014年11月，在自治区党委八届八次全委（扩大）会议上将“五把钥匙”正式写入全会文件中，会议提出，必须坚持依法治疆和以德治疆相结合，用好“五把钥匙”。

“五把钥匙”是把握主要矛盾、突出重点问题的具体体现，是“具体问题具体分析、是什么问题就按什么问题处理”的具体体现，是坚持理论指导实践、实践提升认识的具体体现，是战略思维、系统思维、底线思维和群众路线的有机统一的具体体现。它是推进新疆社会治理体系和治理能力现代化的科学理念，是深入推进“去极端化”工作必须长期坚持的基本原则，是实现新疆社会稳定和长治久安总目标的科学方法。

“五把钥匙”在工作方法上环环相扣，有机统一，是思想性和方法论的高度结合，具有很强的科学性，是加强民族团结、促进宗教和谐、维护社会稳定、实现长治久安的“金钥匙”。

（1）首先，坚持思想的问题用思想的方法去解决

思想是行动的先导，思路决定出路。目前，新疆意识形态领域正面临着宗教极端思想不断渗透的严峻挑战，我们只有从提高思想认识、转变思想观念入手，才能有效抵制宗教极端思想的侵蚀渗透。我们应当结合现阶段新疆的实际，把“去极端化”放

在新疆稳定工作的突出位置，把解决思想问题作为重中之首。新疆各族干部都应当坚持正确的思想引导，杜绝消极的思想，主动作为。

（2）坚持文化的问题用文化的方式去解决

这几年，“三股势力”总是在千方百计地制造和强化各种各样的民族文化差异，企图通过人为加工、制造的民族差异，改变民族文化的本来面目，阻隔各民族间的交往交融。当前，我们急需用好文化这把钥匙，彻底铲除分裂势力生存的土壤。

在新疆，多元文化互补与共存，一直以来是我们独特的优势，但无论是哪一个地方，如果没有一种占主导地位的文化价值体系，人心就会涣散、迷失方向，我们必须在尊重差异、包容多样、相互欣赏的基础上，确立主导、谋求共识，用现代文化来引领多元文化，让各族人民融在一起。

（3）坚持习俗的问题用尊重的态度去对待

《宪法》规定，各民族都有保持或者改革自己风俗习惯的自由，这给各民族的传统习俗给予了充分的尊重，但这并不意味着，习俗能凌驾于法律之上。近几年，三股势力总是利用一些群众对民族习俗和宗教的朴素感情，挑拨民族关系，这就要求我们要以尊重并与时俱进的态度理性对待民族习俗，发挥好习俗对社会规范的积极作用。

坚持习俗的问题用尊重的态度去对待，就是要充分尊重群众在信仰上的基本选择，以宽容和理性的态度正确对待信仰差异，以教育引导为主的方式处理问题，同时要注重多民族文化和习俗的融合。

（4）坚持宗教的问题按照宗教的规律去做好工作

精心做好宗教工作，积极引导宗教与社会主义社会相适应，发挥好宗教界人士和信教群众在促进经济社会发展中的积极作用，对于维护新疆的宗教和谐、民族团结和社会稳定有着重大的意义。

做好宗教工作，就要按照宗教自身规律办事，促进宗教和谐。对于党员干部要旗帜鲜明、立场坚定，努力成为宗教工作的行家里手。同时，各县（市）、乡（镇）也要创新工作方法，比如在尊重民愿的前提下，以群众作为主体，制定村规民约，在规约效力上，基层组织和村民作为平等主体，互相监督、互相约束。在内容上，各村根据实际，以解决突出问题、现实问题、群众反映强烈的问题为重点，有针对性地确定规约内容，使其更具操作性。

（5）坚持暴恐的问题用法治和严打的方式去解决

坚持暴恐的问题用法治和严打的方式解决，这就要求我们深入推进严打暴恐专项行动，保持严打高压态势，坚持出重拳、下狠手，严厉打击网上传播暴恐音视频，严厉打击传播宗教极端思想，切断宗教极端思想传播的途径。在反恐维稳工作中“狭路相逢勇者胜”，我们必须主动亮剑、主动进攻、全面出击、重点突破，对他们“打准、打狠、打出声威”来，只有让暴恐犯罪分子受到了应有的法律制裁，我们新疆各族百姓才有安宁之日。

最近几年，新疆暴恐活动比较频繁，自从2014年自治区启动严打暴恐活动专项行动后，打掉了一大批暴恐团伙。例如：阿克苏地区2014年破获的暴恐案中，很多暴恐分子都是年轻人，这些人文化素质比较低，法律意识淡薄，其中90%以上都是农民。他们中有的辍学，有的没上过学，可以说是法盲。宗教极端分子打着“圣战”的旗号，利用他们无知的这一弱点，去参与暴恐活动。所以，要增强年轻人的法律意识，而且要加大力度。让宗教思想浓厚的群众多学习法律方面的知识，妇女儿童要学习保护妇女儿童的法律知识，教育引导各族群众擦亮眼睛、明辨是非，深刻认清敌人的罪恶本质。

乌克兰危机

乌克兰危机是由2013年年底乌克兰亲俄派总统亚努科维奇中止和欧洲联盟签署政治和自由贸易协议，欲强化和俄罗斯的关系导致。主要大事件有：2013年11月22日，乌克兰亲欧洲派在基辅展开反政府示威，抗议群众要求政府和欧盟签署协议、亚努科维奇下台、提前举行选举。2014年1月，亚努科维奇向反对派作出让步，接受了内阁的全体辞职，总理阿扎罗夫辞职下台。但反对派仍然坚持乌克兰必须与欧盟而不是与俄罗斯加强关系的主张，并一再敦促亚努科维奇总统也辞职。2015年2月11日，俄罗斯、乌克兰、法国、德国四国领导人在白俄罗斯首都明斯克举行“诺曼底四方”会谈。8月28日，乌克兰指责俄罗斯入侵民间武装占领了边境小镇诺沃阿佐夫斯克。北约称俄罗斯进入乌克兰的军队人数超过1000人，并表示有大量重型武器进入乌克兰，俄方予以否认。9月5日，乌冲突双方签署停火协议，乌克兰问题三方国际联络小组（乌克兰、欧安组织、俄罗斯）同乌克兰东部民间武装代表在白俄罗斯首都明斯克签署了从当天傍晚起停火的备忘录。

乌克兰危机背后造成的原因也是由内因和外因构成的。从内部原因来看：一是乌克兰本身面临的经济困境。乌克兰拥有4600万人口，是东欧最大的市场，消费潜力大；战略地理位置优越，市场能辐射独联体、欧盟、北非等。乌克兰拥有丰富的自然资源与占世界总量1/3的黑土地。尽管如此，苏联解体后，乌克兰的经济增长并不乐观。《第一财经日报》援引商务部研究院欧洲研究部副主任刘华芹评论称，

乌克兰近期经济状况在独联体国家中是表现最差的。二是乌克兰政治危机的体制性根源。首先，政治转型陷入“误区”。乌克兰在刚独立的时候，像其他独联体国家一样，对西方充满幻想，想搞三权分立，多党制，包括搞非常激进的政治、经济转型，幻想着一步就成为西方国家当中的一员，可以过上和西方国家一样的富足日子。最后结果却是，少数人利用这样一种转型，聚敛财富，多数民众生活水平每况愈下，深感失望，国家的经济命脉、财富，都集中到少数寡头的手里。其次，西方的双重标准，让乌克兰难以自主。在乌克兰问题上，美国和欧盟毫不掩饰在这个问题上就是跟俄罗斯针锋相对，所以它们对乌克兰不同的政治力量采用双重标准，对亲西方的橙色阵营和亲俄罗斯的政治力量，标准完全是不一样的。美国和欧盟支持反对派采取街头斗争的手段，实际上就是为了达到自己的战略目的。反对派利用的手段和方法，完全是违反国家法律的，也跟西方冠冕堂皇地倡导的原则是不一致的。所以西方的双方标准，使乌克兰陷入一个深渊。最后，地缘政治的影响。冷战以后，乌克兰处在美国、俄罗斯争夺地区主导权的一个非常重要的地缘政治交叉口上。乌克兰的走向，对于美国的战略，对于俄罗斯的战略都很重要。美国有一个基本的判断，要削弱俄罗斯，要遏制俄罗斯，一定要让乌克兰脱离俄罗斯，而且最好要在乌克兰和俄罗斯之间制造一个很深的鸿沟，让这两个国家再也走不到一起去。

从外部原因来看：乌克兰政治危机的直接导火索虽然是乌政府 2013 年 11 月决定暂停与欧盟签署联系国协定，但最根本原因还是国内民众在“向东走”还是“向西走”问题上的深度对立。这一根本矛盾没有化解，乌克兰局势升级的土壤就始终存在。费希尔说，从人口和地理因素分析，大约 1/3 的乌克兰人口讲俄语，大多生活在靠近俄罗斯的东部地区，主张与俄罗斯保持密切关系；大约 2/3 人口讲乌克兰语，主要生活在中西部地区，倾向于更亲近欧盟。费希尔认为，无论谁当选总统，都会被其中一派视作“自己人”，而被另外一派视为“敌人”或者某一境外势力的“代言人”。这种对立情绪始终没有得到缓解，从而成为酝酿更多危机的温床，在出现诸如财政危机恶化、政府立场突变的事件后发酵成政治动荡。

危机造成的影响有：危机期间乌克兰股市、债市、货币格里夫纳均大跌，债市尤为夸张。

2014 年 2 月 18 日，乌克兰将于 6 月到期的 10 亿美元的美元债券收益率暴涨 1200 多个基点，飙至 35%。乌克兰美元债券价格跌至历史新低。自 2013 年第四季度以来，乌克兰股市就一直下跌。18 日冲突升级当天，乌克兰股市大跌 4.2%。目前，1 格里夫纳约合 0.123 美元。

中国制造 2025

《中国制造 2025》是中国版的“工业 4.0”规划，该规划经李克强总理签批，并由国务院于 2015 年 5 月 8 日公布。规划提出了中国制造强国建设三个十年的“三步走”战略，中国制造 2025 是第一个十年的行动纲领。它的提出背景主要基于两点：一是，从国际上看，全球制造业格局面临重大调整。新一代信息技术与制造业深度融合，正在引发影响深远的产业变革，形成新的生产方式、产业形态、商业模式和经济增长点。各国都在加大科技创新力度，推动三维（3D）打印、移动互联网、云计算、大数据等领域取得新突破。全球产业竞争格局正在发生重大调整，我国在新一轮发展中面临巨大挑战。二是，从自身看，一方面，我国经济发展环境发生重大变化。我国经济发展进入新常态，制造业发展面临新挑战。资源和环境约束不断强化，劳动力等生产要素成本不断上升，投资和出口增速明显放缓，主要依靠资源要素投入、规模扩张的粗放发展模式难以为继，调整结构、转型升级、提质增效刻不容缓。形成经济增长新动力，塑造国际竞争新优势，重点在制造业，难点在制造业，出路也在制造业。另一方面，建设制造强国任务艰巨而紧迫。经过几十年的快速发展，我国制造业规模跃居世界第一位，建立起门类齐全、独立完整的制造体系，成为支撑我国经济社会发展的重要基石和促进世界经济发展的重要力量。但我国仍处于工业化进程中，与先进国家相比还有较大差距。

战略目标的实现主要依靠三步。第一步：力争用十年时间，迈入制造强国行列，到 2020 年，基本实现工业化，制造业大国地位进一步巩固，制造业信息化水平大幅提升。掌握一批重点领域关键核心技术，优势领域竞争力进一步增强，产品质量有较大提高。制造业数字化、网络化、智能化取得明显进展。重点行业单位工业增加值能耗、物耗及污染物排放明显下降。到 2025 年，制造业整体素质大幅提升，创新能力显著增强，全员劳动生产率明显提高，两化（工业化和信息化）融合迈上新台阶。第二步：到 2035 年，我国制造业整体达到世界制造强国阵营中等水平。创新能力大幅提升，重点领域发展取得重大突破，整体竞争力明显增强，优势行业形成全球创新引领能力，全面

实现工业化。第三步：新中国成立一百年时，制造业大国地位更加巩固，综合实力进入世界制造强国前列。制造业主要领域具有创新引领能力和明显竞争优势，建成全球领先的技术体系和产业体系。

实现制造强国的战略目标，主要任务有五点：一是提高国家制造业创新能力；二是推进信息化与工业化深度融合；三是强化工业基础能力；四是加强质量品牌建设；五是全面推行绿色制造。同时要瞄准新一代信息技术、高端装备、新材料、生物医药等战略重点，引导社会各类资源集聚，推动优势和战略产业快速发展。涉及重点领域有：新一代信息技术产业；高档数控机床和机器人；航空航天装备；海洋工程装备及高技术船舶；先进轨道交通装备；节能与新能源汽车；电力装备；农机装备；新材料；生物医药及高性能医疗器械。要深入推进制造业结构调整，积极发展服务型制造和生产性服务业，提高制造业国际化发展水平。建设制造强国，必须发挥制度优势，动员各方面力量，进一步深化改革，完善政策措施，建立灵活高效的实施机制，营造良好环境；必须培育创新文化和中国特色制造文化，推动制造业由大变强。主要从下面几个方面做起：深化体制机制改革；营造公平竞争市场环境；完善金融扶持政策；加大财税政策支持力度；健全多层次人才培养体系；完善中小微企业政策；进一步扩大制造业对外开放；健全组织实施机制。

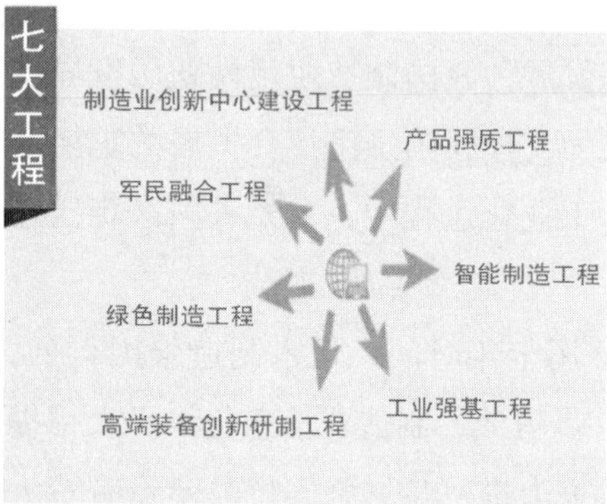

主要参考文献

[1] 戴维·米勒，韦农·波格丹诺. 布莱克维尔政治学百科全书［M］. 邓正来，译. 北京：中国政法大学出版社，1992.

[2] 亨廷顿. 变革社会的政治秩序［M］. 李盛平，译. 北京：华夏出版社，1988.

[3] 邓小平. 邓小平文选［M］. 第三卷. 北京：人民出版社，1993.

[4] 孟德斯鸠. 论法的精神［M］. 北京：商务印书馆，1987.

[5] 杨恕，蒋海蛟. 伊斯兰复兴和伊斯兰极端主义［J］. 新疆师范大学学报：哲学社会科学版，2014（2）：59-64.

[6] 刘艳. 中亚地区宗教极端主义及其对新疆的影响［D］. 乌鲁木齐：新疆师范大学，2012.

[7] 汪新晨. 恐怖主义源流与反恐国际合作［D］. 上海：复旦大学，2012.

[8] 杉原泰雄. 宪法的历史［M］. 北京：社会科学文献出版社，2000.

[9] 吉田茂. 激荡的百年史［M］. 李杜，译. 西安：陕西师范大学出版社，2005.

[10] 李文，吴限. 日本修宪进程加速原因解析［J］. 日本学刊，2013（5）：26-43.

[11] 刘贵彬. 习近平治疆思想初探［J］. 实事求是，2015（4）：16-18.

[12] 黄中平. 深入学习和实施党的治疆方略［J］. 新湘评论，2014（17）：21-23.

[13] 余梓东. 党中央治疆、稳疆、建疆新方略析究［J］. 云南民族大学学报：哲学社会科学版，2014，31（6）：5-10.

[14] 李兴华. 宗教极端主义研究概要［J］. 西北民族研究，2002（4）：20.

[15] 吴云贵. 伊斯兰教法的泛化、极化与工具化［J］. 世界宗教研究，2000（4）：16-26.

[16] 潘志平. 中国反恐研究：八大前沿议题［J］. 新疆大学学报：哲学·人文社会科学版，2012，40（5）：89-94.